美丽之屋

古埃及神话与民俗

莎草绘卷

赵航 著

悠拉悠 绘

清华大学出版社

北京

图书在版编目（CIP）数据

美丽之屋：古埃及神话与民俗 / 赵航著；悠拉悠绘. — 北京：清华大学出版社，2023.1
（莎草绘卷）
ISBN 978-7-302-62086-0

Ⅰ. ①美… Ⅱ. ①赵… ②悠… Ⅲ. ①埃及—古代史—通俗读物 Ⅳ. ①K411.209

中国版本图书馆CIP数据核字(2022)第202391号

责任编辑： 刘一琳
封面设计： 韩　捷
版式设计： 悠拉悠　陈国熙
责任校对： 赵丽敏
责任印制： 丛怀宇

出版发行： 清华大学出版社
　　　　　网　　　址： http://www.tup.com.cn，http://www.wqbook.com
　　　　　地　　　址： 北京清华大学学研大厦A座　　**邮　　编：** 100084
　　　　　社 总 机： 010-83470000　　　　　**邮　　购：** 010-62786544
　　　　　投稿与读者服务： 010-62776969，c-service@tup.tsinghua.edu.cn
　　　　　质量反馈： 010-83470000，zhiliang@tup.tsinghua.edu.cn
印 装 者： 北京博海升彩色印刷有限公司
经　　销： 全国新华书店
开　　本： 160mm×240mm　　**印　　张：** 12.75　　**字　　数：** 194千字
版　　次： 2023年1月第1版　　　　　**印　　次：** 2023年1月第1次印刷
定　　价： 86.00元

产品编号：092768-01

序

2022年10月初，突然收到QQ好友赵航的问候，邀我为他即将出版的一套书"莎草绘卷"写序。因为是写古埃及的内容，因此我非常感兴趣。其实我并不十分了解他，只因为他是个埃及学的超级爱好者所以相识。我们在QQ上探讨的问题有些是一般爱好者不会关注的，倒不是因为问题偏僻，而是经常会不停地追问，这正是我所喜欢的。我经常跟我的研究生讲要不停地追问，也因此对他萌生好感，就答应了下来。他把书稿发给我后，了解到这是一套古埃及文明的科普图书，是一套真正的"图书"，因为有很多图，几乎每页都有。所以，读起来更轻松，合于科普的习惯。

中国是一个有着悠久历史的文明古国，因此对于历史有着不同于西方人的感受，对像古代埃及这样的文明古国也有非同寻常的热爱。但由于文化的隔膜，以及学术起步较晚，国人对古埃及文明的了解还限于金字塔建造的神秘传说和木乃伊归来的现代影片带来的街谈巷议的推测阶段。这让我想起十几年前在埃及南方考察哈特谢普苏特女王神庙时看到的情景，对我的触动很深。作为一位经常在埃及考察的研究者，因看到的游客大多都是欧美人而略感失落。后来随着世界经济危机席卷全球，欧美游客人数开始下降，中国人的身影变得越来越多。但中国游客来到埃及古迹之处做的第一件事就是拍照留念，很少有仔细浏览并进行深入了解的。可我在女王神庙处看到的令我吃惊的情景，是5个八九岁的欧洲小孩，手里拿着古埃及圣书体文字（国内一般称象形文字）王表在神庙的墙壁铭文中寻找、核对王名圈里的王名，以确定神庙所涉历史断代在什么时间。八九岁的孩子居然以埃及学学者的方法"阅读"三千多年前的古迹，让我深感国内埃及学科普的缺失。这是我答应为作者写序的原因。

科普图书应该像百科全书，尽可能多地回答大众的问题。这套书有三本，虽各有侧重，却基本囊括了一般读者想要知道的内容。历史、地理、神话、民俗、建筑、艺术，暗合了埃及学学科在世界各大学与研究机构的归属。中国的埃及学都设在历史学科中，而西方却更多设在考古、建筑与艺术学科，这也反映出埃及学蕴含内容的主要方面。从这套书的行文内容上看，作者多使用国内外埃及学大家著作中所用的材料，因此较为靠谱。埃及学虽是一个科学研究领域，却因其时代的久远与形态的"神秘"而吸引各路人蜂拥而至。除了科学的研究之外还有一个专注于炒作的群体活跃于媒体之中，于是泥沙俱下，云雾缭绕。对于学者，这种现象并无问题，可对于一般读者却常常会不知所措。本书作者阅读了很多埃及学著作，又与国内诸多埃及学大家都保持着联系，这在很大程度上能够确保书中内容的可靠与透彻。作为一位埃及学的超级爱好者，可能比我们这些学者更了解爱好者们的兴趣，回答爱好者们的问题。

刚收到书稿清样时还产生过一点小小的误解，以为"生命之宫"是要写𓉐𓂋，因为这个称号直译就是"生命之屋"，是古埃及一个非常重要的集教育、医学、书库于一体的机构，而我又称自己的书房为𓉐𓂋，因此觉得这个问题有些过于专业，不适合一般读者阅读。读过整套书的目录才知道，《生命之宫》是对应后两部《美丽之屋》和《伟大之域》的。于是放心。

希望广大读者能够喜欢这套图书。

是为序。

李晓东

2022年10月31日于𓉐𓂋

前言

几年前，我就动过写一本古埃及科普书的念头。

作为人类文明最初的曙光和地中海文明圈的肇始，古埃及在世界历史上有着独特、重要的地位。自19世纪以来，得益于地缘优势和早期掠夺式考古的影响，欧洲各国对古埃及的热情始终有增无减，并逐渐形成了"埃及学"这门显学。

但是在国内，虽然前有端方、黄遵宪收藏埃及古物，后有东北师范大学世界古典文明研究所群星闪耀，但由于起步较晚、对外交流较少，因此对这门综合学科面向大众的推广、普及的重视程度尚显有限。曾经不止一次有人向我抱怨，如今市面上广为流传的埃及学书籍，要么过浅，要么过深。

浅的书籍往往将为人熟知的那些"野史逸闻"不厌其烦地反复讲述，其中还不乏"法老的诅咒""外星人建造金字塔""法老墓中的猫"等流传了一百多年的谣言"集锦"。这些书的卖点固然是有，但这并不是科普应有的态度。

深的书籍则过于专业性和偏向性，虽然每一次翻阅这些埃及学专著都受益匪浅，但是对于那些正在尝试入门的人来说，难免有些艰涩难懂，作为科普的门槛实在太高，自然令人望而生畏。

我发现市面上缺失一种既"全面"又"不浅不深"的古埃及全景式科普书籍，以至于在很长一段时间里，面对微博上众多网友的垂询，我只能为他们推荐刘文鹏教授的《古代埃及史》——要知道，这可是现阶段国内埃及学硕士研究生教材！

更让我深受刺激的是，我看到了一本英国出版的古埃及圣书体童话《彼得兔的故事》，连一本童话都可以有专业学者用古代文字向那些学龄前的孩子展示。无论对象年龄、学识程度都能够找到合适的科普书籍，这无疑是很好的"科普生态环境"。

得益于"一带一路"倡议的提出，作为连接东西方的两个文明古国，中国和埃及的民众都对彼此悠久的历史文化产生了浓厚的兴趣。国内民众对古埃及历史、文化的热情已经不仅仅局限于小说、电影和游戏的范畴。

承清华大学出版社刘一琳编辑的邀约，我和悠老师在两年多的时间里共同完成了这套古埃及历史文化的科普丛书，共分为三册，分别是《生命之宫：古埃及历史与地理》《美丽之屋：古埃及神话与民俗》《伟大之域：古埃及建筑与艺术》，希望能为有兴趣了解古埃及的读者提供一本手边的参考资料。

赵航

2022年5月

目录

神话篇

　　在古埃及时代，埃及的神话体系并不完善，和大多数原始宗教信仰一样，掌握宗教祭祀权和神谕解释权的往往是王族和高阶祭司团体，他们不用也不需要向平民宣传"神学思想"来发展信众。平民们更看重的是众多神祇所能带来的"神迹"，例如解除病痛、保佑家宅、在冥界获得永生等更加"实际"的功能。因此我们所能看到的流传至今的古埃及宗教文本中，很少出现完整的神话故事，大多都是由零散的神话片段以及冗杂晦涩的咒语和祭祀仪式所构成。

　　流传至今的埃及神话体系是由原始部落信仰、古埃及宗教文献、古埃及民间故事以及普鲁塔克在内的希腊古典作家共同来完成的——尤其是后者，他们根据古埃及宗教信仰传统，参考当时的神话文献和民间传说，参照希腊神系，依据众神之间明确的身份关系和"出身"地区对古埃及众神进行了体系划分，其中按照"出身"地区来划分的神系有三个，分别是赫利奥波利斯神系、赫尔摩波利斯神系、孟菲斯神系。

太阳之城

赞扬亚图姆！
他创造了天，他创造了所存在的一切。
他升起来成了陆地，他创造了种子。
一切之主，他生出了诸神，他是创造自我的大神。
——《亡灵书》咒语 79

九神团

亚图姆（Atum）
太阳神、创世神

休（Shu）
空气之神

泰芙努特（Tefnut）
水汽女神

盖布（Geb）
大地之神

努特（Nut）
天空之神

奥西里斯（Osiris）
冥界之神

伊西斯（Isis）
魔法女神

赛特（Seth）
力量之神

奈芙蒂斯（Nephthys）
葬礼女神

三大神话体系中的赫利奥波利斯神系来源于赫利奥波利斯城。

　　赫利奥波利斯是一个典型的希腊化的地名，意为赫利俄斯之城。赫利俄斯是希腊神话中的太阳之神，与赫利奥波利斯起源的太阳神亚图姆等同，这无疑说明了在该地区太阳神崇拜所占据的重要地位。

　　在更早的古埃及时代，赫利奥波利斯的古埃及语名称是iwnw，是下埃及第十三州的首府，位于今日开罗东北方向45千米的马塔利亚附近。古埃及第十二王朝的塞努塞尔特三世曾在此地树立一座红色花岗岩方尖碑，来彰显该圣城的重要地位，此碑至今尚存。

　　赫利奥波利斯神系就是由太阳神亚图姆和与其相关联的八位神祇——他的子女休、泰芙努特，以及孙辈的盖布、努特和重孙辈的奥西里斯、伊西斯、赛特、奈芙蒂斯所组成，因此被希腊人称为Ennead，也就是"九神团"。

　　赫利奥波利斯神系的创世理论围绕着太阳神亚图姆展开，认为亚图姆是宇宙万物的创造者，他最早出现在原初之水努恩（Nun）中的原始丘（Benben）上，后来修建的赫利奥波利斯的太阳神庙就象征着这座原始丘。亚图姆在原始丘上通过自我性行为创造了最初的两位神祇，也就是休和泰芙努特，两者分别象征着空间中广泛存在的空气和水汽，他们生下了象征大地的盖布和象征天空的努特，而盖布和努特的结合生出了冥神奥西里斯、力量之神赛特，以及同为亡灵守护神的伊西斯和奈芙蒂斯。

　　在一些古埃及时期的地方神话中，我们可以看到泰芙努特的出走，盖布与努特被迫分离，荷鲁斯与赛特的争斗的故事，这些无疑是构成九神团传说的重要组成部分。当然，并不能代表这些形态各异的古埃及众神在古埃及长达三千年的历史长河中身份是一成不变的，事实上，很多重要的神祇和他们最初的起源都大相径庭。

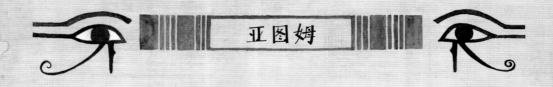

亚图姆

亚图姆是埃及神话中的太阳神，是九神团中出现的第一位神，也是赫利奥波利斯神系中唯一一位没有配偶的神。他的外观通常表现为一个头戴红白双冠、站立的男性年长国王形象，有时候则戴着被称为奈梅斯的王室头巾。除此之外，他还有众多的动物形态，例如狮子、公牛、蜥蜴、圣甲虫或蛇。

他通常被视为赫利奥波利斯城之主，当地是太阳神主要崇拜地。在一些古老的神话里，他也被视为落日的象征。后来随着各地方神话的融合，他和另一位太阳神拉等同并最终合并为拉-亚图姆。

古王国时期的金字塔文献中就提及了亚图姆创造众神的神话，他从原初之水努恩（Nun）中诞生后，通过自我性行为创造了最早的两位神——休和泰芙努特。也有另一种说法认为这两位神来源于亚图姆吐出的唾液，原因是休和泰芙努特的发音类似于吐痰和咳嗽的声音。

亚图姆通过和拉神的融合，从第四王朝开始就被视为古埃及国王的父神，而国王的一个名字"拉神之子名"正是来源于此。亚图姆会守护去世国王的遗体和他们的金字塔，并在死后的世界接纳他们的灵魂，让他们成为众神之中的一员乃至众神的首领——一些金字塔铭文的内容就包括使用咒语和魔法，令国王的力量超过亚图姆，成为最高的统治神。

亚图姆和古埃及的王权密切相关，很多国王的加冕仪式上都有他的存在，例如在卡纳克阿蒙神庙的浮雕上，就有亚图姆和底比斯地方神孟图这两位分别代表着上下埃及的重要神祇引领国王进入神圣区域的图像，这说明作为创世神的亚图姆对于国王权力的重要性。

亚图姆还具有保护死者亡灵安全穿行冥界的能力，让他们得以顺利通过冥界的火湖，躲过以吞噬亡灵为生的恶魔。他也负责监管惩罚那些与太阳为敌的邪恶者，将他们溺死于水中或将其斩首，例如在拉美西斯一世墓的壁画中可以看到他挡在准备吞噬亡灵的巨蛇阿佩普的面前，诅咒并杀死了这条藏身于冥界第九门后的巨蛇。

尽管与蛇为敌，但亚图姆自己也有一种很少见的蛇的形象，这来源于一些《死者之书》中他毁灭整个世界的传说。他声称要让原初之水重新淹没大地，毁灭众神、人类以及整个埃及，而在这场末日洪灾中，只有他本身以及奥西里斯以蛇的形象可以继续存活下去。这个传说可能和蛇具有的蜕皮能力有关，蜕皮意味着破坏或死亡，而蜕皮后的形态则意味着重生。

休

休（Shu），是埃及神话中的空气之神，同时也是阳光的化身，是赫利奥波利斯九神团之一，女神泰芙努特的兄弟和丈夫。

他的外观通常表现为头戴羽毛、手持安可生命符号的男性形象，鸵鸟羽毛是他的圣书体符号。他通常出现的场景是站立在儿子盖布身上，双手高举起他的女儿努特，这与天地分离的神话故事有关。故事中的大地之神盖布因为和妻子天空女神努特相爱而不愿分离，导致天空与大地毫无缝隙地连在一起，令世间万物失去了生存空间，于是他们的父亲休奉太阳神亚图姆的命令，站在象征大地之神的盖布身上，双手托举起象征天空的努特，让两者分开，为世间万物提供生存空间。

在一些早期的神话传说中，天空中的云被视为休的骨头，去世国王的灵魂会借此登上天空与众神同在。而尼罗河上空的水雾则被视为他的湖泊，用来净化去世国王的灵魂。

作为空气之神，他也被认为可以向所有生命提供生存所必须的空气，例如图坦卡蒙墓中出土的枕头立柱上，就有双手托举枕头的休的形象，这象征着他向死者提供永远循环的空气。

有时休还会被视为太阳光线的化身。在古王国时期，他被描述为每一天令太阳和国王苏醒并充满生命活力的角色。在新王国的阿赫那顿宗教改革前期，他则被描述为居住在太阳圆盘中的男性形象，这无疑也体现了他与太阳光线之间密不可分的关系。

祭司们认为可以用魔法咒语召唤出休的力量，这种力量能将病人体内的毒液从器官中带出，从而得以康复。

而在《死者之书》中，休是亡灵审判者之一，他率领着众多拷问者和行刑者来消灭那些有罪者的灵魂，因此在冥界，他对一些亡灵是极具威胁的，不过休可以保护亡灵免遭巨蛇阿佩普的吞噬，因此他在冥界中也有着相当重要的地位。

泰芙努特

泰芙努特 (Tefnut) 是埃及神话中的水汽女神，同时象征着湿润。她是赫利奥波利斯城九神团之一，男神休的姐妹和妻子。

泰芙努特的外观通常表现为一个头顶日轮、面部为母狮形象的女性神祇。她经常因为狮子的外形而和埃及神话中其他几位狮形女神——例如穆特、巴斯特、塞克美特混同起来。在孟菲斯地区的神话里，她也因此被视为当地创世神普塔赫的妻子。有时候她的形象则是一只属于太阳神拉的眼睛，长在拉神的额头之上，能够发射炽热的火焰，此时的她拥有毁灭一切与拉神为敌者的破坏力。另外，很罕见的是，在金字塔铭文中，她的形象是一条竖立于瓦斯权杖上的蛇。

泰芙努特与一切和水相关的神话密不可分。例如,在古王国时期的金字塔铭文中就提到了她从身体里制造出纯净的水,供国王饮用及清洁身体。另外,她也负责守护国王在下埃及三角洲地区的宫殿,并为其建造水池。

如果没有泰芙努特,就会导致严重的旱灾。在相关神话故事中,她和父亲亚图姆以及丈夫休发生争执,一怒之下离开埃及前往努比亚,并化身为母狮攻击一切试图接近她的男性。因为她的离开,导致埃及境内连年大旱,休和智慧之神图特只得想方设法寻找她的下落,并不得不化身狒狒才得以接近她。在图特的劝说下,最终双方的关系得到了缓和。随着泰芙努特回归埃及,水源恢复,持续多年的旱灾得以缓解,大地再现生机。这一神话故事可能象征着古王国末期导致尼罗河水位降低甚至断流的气候变化,也就是新石器时代湿润期的结束。

盖布

盖布(Geb)是古埃及的大地之神,休与泰芙努特的儿子,九神团之一,女神努特的丈夫。

盖布的外观通常表现为一个头顶鹅形头饰(尽管从图像上看这种禽鸟在今天被称为白额雁 White-fronted Goose)或长着鹅首,手持瓦斯权杖和安可生命符号的深肤色男性形象。他的肤色有时为绿色,这时他多带有芦苇装饰,可能和大地上长出的绿色植物有关。有时他的肤色为黑色,这可能象征着埃及河谷地带和三角洲地区由洪水带来的黑色淤泥。另外,在新王国第二十王朝的拉美西斯六世墓顶壁画中,他则被表现为一个站立于太阳船上的兔首男性形象。

和大多数古文明中天父地母的比喻不同的是,埃及神话以女神努特代表天空,而以男神盖布代表大地。在古王国时期的金字塔铭文中,盖布的形象被描述为"一手伸向天空,一手伸向大地"；而在新王国时期，他的常见动作是曲身侧卧于地面，一只手臂曲肘放在膝盖上，另一手臂伸展支撑地面，与此同时，他的妻子努特则俯身向下，双手双足撑着地面让身体拱起，他们的父亲休站在两者中间将其分开——这个造型所表现的正是神话中著名的天地分离的故事。

作为大地之神，盖布为一切生命提供了生存空间和赖以为生的养料。古埃及人认为用来制作面包、啤酒的大麦、小麦，正是从这位大神的肋骨间生长出来的。而一种被用来治疗头疼的植物 khenem 也是由他生成。同时盖布的名字也出现在治疗蝎毒的咒语中，人们希望通过呼唤他的名字能够消除痛苦。除此之外，流淌在大地之上的尼罗河河神哈皮，也被视为盖布的朋友。另外，盖布将被杀死的奥西里斯的尸体从水里捞出并进行了防腐处理（早期自然木乃伊是由太阳和干燥炎热的沙漠气候共同作用形成的，这是木乃伊防腐技术的最早起源）。

盖布有着仁慈的一面，同时也有冷酷的一面——在古埃及人眼中，地震时产生的类似鸭子叫的怪声正是他在大笑，这体现了盖布的破坏性。另外，盖布还有一个特别的身份，即邪恶者灵魂的囚禁者。在金字塔铭文中提到，盖布会将有罪死者的灵魂囚禁于他的体内，从而杜绝他们进入来世，令这些有罪者的灵魂永远消亡。金字塔铭文中正是针对这一点，特别指出国王的灵魂不会进入或留在盖布在大地之下的宫殿。

在著名的神话《荷鲁斯与赛特的争斗》中，盖布获得了太阳神亚图姆赋予的新身份，即裁决荷鲁斯和赛特究竟谁有资格获得王位的审判庭庭长。这次审判在被称为"盖布大殿"的宫殿中进行，盖布倾向于将王位判给他的孙子荷鲁斯，因为继承了盖布埃及王位的是他的长子奥西里斯，而荷鲁斯作为奥西里斯的长子理应继承王位。由于全力支持本该继位的荷鲁斯，这样一来，盖布就成了埃及合法王权的坚定拥护者，因此在金字塔铭文中，盖布被表现为全力支持并保护荷鲁斯的人间化身——国王战胜赛特的守护神。

努 特

努特（Nut）是埃及神话中的天空之神，休与泰芙努特的女儿，九神团之一，男神盖布的妻子。

相比于其他神话中常以男性形象呈现的天神，埃及神话中代表天空的努特则以女性形象出现。在古王国时期的金字塔铭文中，努特的形象被表现为一只蜜蜂，拥有统治众神的权力。而在一些新王国时期的墓室壁画上，努特则被描绘成母牛的形象，这让她经常与同样有母牛形象的伊西斯、哈索尔等女神混同。有的时候她的形象是全身蓝色、四肢支撑地面、拱起的身体被大幅拉长的女性形象（拉长的范围视壁画尺寸而定，通常会横贯壁画两端），这时她的身体上装饰有众多星形符号，象征着身为群星之母的努特孕育了夜空群星。而当她和自己的丈夫盖布一起出现的时候，为了让天地之间的万物有生存的空间，他们会被父亲休从中分开。

　　智慧之神图特为了帮助被迫分离的努特与盖布重逢，与月神孔苏通过下棋来打赌，从月神那里赢来了每年额外的五天时间。在这五天中，努特得以与盖布重逢，并生下了奥西里斯、伊西斯、赛特、奈芙蒂斯、荷鲁斯五位新神（这里的荷鲁斯并非后来的王权之神荷鲁斯，为了做出区分，他被称为老荷鲁斯，也就是太阳神拉－赫拉克提）。

　　身为天空女神，努特与太阳在天空中的运行有着密不可分的联系。古埃及人并不清楚太阳运行的原理，而是将其简单地总结为"某种神秘因素"的约束。在古埃及人的宗教思想中，太阳每天自东向西划过天空之后，到了傍晚就会被努特用嘴吞下，开始在努特身体内部的夜间旅程。在古埃及第二十王朝的拉美西斯六世的墓室内，有一整幅墓顶壁画详细地描绘了这一漫长的旅程；壁画中的太阳神站在他的太阳船上，在群星的陪伴下沿着努特被拉长的身体航行，直到安全度过整个夜晚。到了黎明，太阳在被称为"努特之女"的晨曦红光的引导下从努特体内再次诞生，开始新一轮的白昼旅程——在同一座墓的另一间墓室的天花板上，天空女神努特就以这样的白昼形象出现，负载着太阳在天空中运行。

可能是认为努特每晚吞下太阳和群星，并在黎明时再次生下它们，这让古埃及人产生了一种比较奇特的认知——虽然努特在神话体系中是太阳神亚图姆的孙女，但在某种意义上她又是"太阳之母"，被视为"生下大神者"。在另一个埃及神话文本中，努特的丈夫盖布因为她吞吃了他们的"孩子"十分生气，在塞提一世时期的石碑铭文上将这一行为比喻为"母猪吞食自己生下的仔猪"。

与将地震视为大地之神盖布的笑声类似的是，古埃及人将雷声视为天空女神努特的笑声，这可能是为了体现这位女神的恐怖。她除了是天空女神之外，同时也是一位死亡女神，迄今为止，已经出土了大量绘有她形象的石棺。在金字塔铭文中，去世的国王会被努特张开双臂拥抱，包裹在她的体内，象征着国王会像每天傍晚被努特吞入体内的太阳一样，很快就会获得重生。

有趣的是，在许多雕刻或绘制有努特女神形象的棺材内部，努特的形象并不遵守古埃及壁画中侧面正身律的绘制规则，而是以正面朝向棺内死者，她双手高举太阳，向棺材的主人再现仰望太阳的情景。

进入新王国之后，在当时的《死者之书》以及墓穴壁画中，努特被描述为一名站在冥界入口附近的巨大梧桐树上的女神，她会为进入冥界的死者施展魔法，让他们能够在冥界呼吸到空气，并且为他们提供水和食物，保护死者在接受奥西里斯审判之前的漫长征途中的安全。

奥西里斯

奥西里斯（Osiris）是埃及神话中的冥界之神，盖布与努特之子，九神团之一，女神伊西斯的丈夫，荷鲁斯之父。

奥西里斯的外观通常表现为一名端坐于王座之上、全身除了头部外都被包裹成木乃伊状的绿色或黑色皮肤男性形象。他头上戴着名为阿提夫（Atef）的王冠，该王冠的中间是一个白色圆顶长锥帽，左右两边各有一根羽毛，这个王冠是他所独有的。有时他交叉双臂，双手分别握着他的象征物——连枷与勾杖；有时他会伸出双手握着瓦斯权杖。除此之外，奥西里斯还有仰卧或俯卧于神龛之上的形象，这些显然和"死亡"与"复活"有关。有趣的是，奥西里斯是埃及神话中少见的一位被明确记载了身高的神祇，他身高8腕尺6掌3指，约合现在的4.7米。

奥西里斯是古埃及最重要的神祇之一，也是除了太阳神之外极少数在埃及全境都得到崇拜的大神，几乎所有与死亡相关的神话都与他相关。目前，已知对他的崇拜最早出现在古埃及第五王朝的杰德卡拉国王统治时期，一块残损的木制品上描绘了奥西里斯神的上半身，旁边写着奥西里斯的圣书体名字。

最早的奥西里斯崇拜地可能是阿拜多斯（距离现在的巴利亚纳不远），这里至今还保存着一部分古王国时期修建的奥西里斯神庙的泥砖围墙的残迹，传说奥西里斯死后就埋葬于此，因此这座城市被视为奥西里斯的圣城。另一种说法是这座被视为奥西里斯圣坟的遗址，其实是第一王朝第三位国王哲尔的墓葬。

在第五王朝末期，赫利奥波利斯地区的祭司们就开始将奥西里斯融入自己的神系中。在这时的金字塔铭文中，可以看到他被赋予了盖布与努特长子的身份，并提到了他出生于孟菲斯西部沙漠里的洛斯陶（Rosetau），这一地区实际上是埃及古王国时期著名的墓葬区，也是古埃及传统宗教里地下世界的入口，太阳每天就是从这里进入地下的。

奥西里斯最广为人知的身份是古埃及冥界杜亚特之王、亡灵的审判官，这个神格来源于奥西里斯的重要经历——他可能是唯一一位明确经历过死亡的神，这让他进入冥界并最终成为冥界的国王，掌握了这片充满了火湖、蜿蜒河道、亡灵和怪物的荒凉世界，这时他被称为"世界边缘之王"（Neb-ertcher）。

虽然奥西里斯的死亡是一个固定的神话元素，但关于他的死因在不同时期有着诸多不同的说法。最早的说法是，杀死奥西里斯的并非赛特，而是一群被称为"塞巴"（seba）的恶魔，奥西里斯在与他们的战斗中身亡。而在金字塔铭文中，杀死奥西里斯的凶手就已经被定为他的兄弟赛特。

关于赛特是如何杀死奥西里斯的也有许多不同的说法（这主要是因为金字塔铭文中尽力避免直接描述奥西里斯被谋杀这一残酷事件的本身，以免同样的事情发生于墓主身上），一说赛特是在阿拜多斯的内德耶河岸袭击了奥西里斯并将他碎尸，另一说则是奥西里斯溺亡于孟菲斯，他的尸体被赛特派出的动物找到（有传说找到奥西里斯尸体的动物是猪，因此猪遭到古埃及人的厌恶），随后遭赛特分尸。希腊古典作家普鲁塔克则认为奥西里斯是被赛特诱骗进棺材后抛入河中溺亡的，这显然是对埃及神话中奥西里斯的一个称呼"置于盒中的"牵强附会的理解，事实上，这个"盒子"是指容纳奥西里斯尸体并加以保护的容器，也就是石棺的隐晦代称——在古埃及人自己描述的神话中，奥西里斯明显是在死亡之后才被放进石棺当中的。

无论奥西里斯究竟死于何故，他的尸体最终都被赛特切割为若干块并散落于埃及各地 [只有脊椎骨没有被切碎，这块脊椎骨后来就成了奥西里斯的象征物杰德柱（Djed-pillar），象征不可破坏和稳固]。奥西里斯的妻子伊西斯以及妹妹奈芙蒂斯跋山涉水，最终将这些散落在各地的尸块找回，并在拉和阿努比斯的帮助下将其拼合起来制作成木乃伊。

随后伊西斯使用魔法咒语令奥西里斯短暂复活，并和他生下了儿子荷鲁斯。短暂复活后死亡的奥西里斯成为了冥界之王。之后经过著名的《荷鲁斯与赛特的争斗》的故事，他的王位最终被儿子荷鲁斯所继承，这彰显了现国王从前代国王那里继承王位不容置疑的合法性。

事实上，在古王国时代，古埃及的国王们就与奥西里斯建立了联系，一旦老国王去世，他就会被视为冥界的国王奥西里斯，"他已经活着坐在了奥西里斯的宝座上，向人们发号施令"，因此在第五、第六王朝时期，死去的国王会被在名字前冠以"奥西里斯"的名字（例如奥西里斯 - 乌纳斯、奥西里斯 - 佩皮等），而他的继承者则被视为继承奥西里斯王位的荷鲁斯，拥有合法的统治权。随着第一中间期古埃及王权的衰落，这一特权已经不再局限于国王，连许多高级贵族和地方官员死后都可以在自己的名字前加上"奥西里斯"的名字，以获得同等的荣耀。

杰德柱（奥西里斯的脊椎）

当然，古埃及人这样做的原因可能并非出于崇拜，而是源于对死亡的恐惧。作为冥界杜亚特的国王和审判者，奥西里斯会审判自己国度里每一位亡灵，并根据他们生前的所作所为来判定他们是否有资格进入来世。早在古王国时代的金字塔铭文中，他就被视为"玛阿特之主"，负责监督对死者灵魂进行审判，通过评判死者的所作所为，来确保审判结果的公平公正。这一审判过程在很多文献中被记载为量心仪式，即将死者的心脏放置于天平的一端，而天平的另一端放着象征真理和正义的"玛阿特羽毛"，如果生前犯下罪行就会导致心脏变得沉重而从天平上落下，被奥西里斯的部下粉碎并被一头名为阿米特的怪物吞噬。而通过审判的灵魂则会被荷鲁斯带去觐见奥西里斯，获准进入来世得到永生。

奥西里斯之所以广受崇拜，一方面是因为古埃及人特别重视的丧葬文化；另一方面是因为他身为农业神的身份——绿色皮肤、死后反复重生，都象征着植物每年新生、繁荣、收获、再生的不断循环。

奥西里斯最初只是掌管农业和尼罗河泛滥的地方神祇，而他的冥神神格，则是和三角洲地区杰都（Djedu）的当地主神安杰提（Andjety）融合得到的，奥西里斯的象征物杰德柱就来源于这位安杰提神原本的象征物。不过也有另一种说法，认为奥西里斯的农业神神格反过来是从他的冥神神格中衍生出来的，他被谋杀之后不断复活，与农作物如大麦的生长周期相似而被赋予了"农业神"的身份。

奥西里斯的"农业神"身份在近年来的考古中被不断证实。在新王国时期的尤亚和图育的墓室中（他们是阿蒙霍特普三世之妻泰伊皇后的父母），考古学家们找到了一些被称为"奥西里斯苗床"的随葬品，这是一种里面填满了尼罗河淤泥并阴刻出奥西里斯形象的方形陶盆，里面通常埋有一些植物的种子。人们会在死者的葬礼上给这些奥西里斯苗床浇水，并将其置于坟墓之中，在坟墓封闭后的一段时间里，这些种子会继续发芽生长。人们希望死者像这些新生的作物一样重生。

出于对死亡和冥界审判的恐惧，古埃及人偶尔也会把奥西里斯视为一位邪恶、残忍的神祇，在中王国时期的一些石棺铭文中，奥西里斯被描述为以屠戮亡灵为乐、对死者施展恶毒咒语的恶魔般的存在，他带领着众多行刑者和刽子手统治着地下世界，为此铭文中还特意提到，太阳神永远不会将国王的灵魂交给奥西里斯——尽管奥西里斯和太阳神拉的关系普遍被视为"孪生灵魂"，太阳神亲自主持了奥西里斯的葬礼，并让冥界杜亚特永远能被阳光照耀。但是在这个故事里，奥西里斯和太阳神是完全对立的关系，奥西里斯声称是身为"农业神"的自己带来了大麦和小麦，保证了众神和人类的生存，而太阳神则表示农作物的生长和奥西里斯并没有什么直接关系。奥西里斯随即指责太阳神允许现实中存在各种各样的不公和罪恶，而在他的监督下，所有有罪的灵魂都会被惩处，就算是神也无法逃避。

随着古埃及各地区的神话互相融合、演变，奥西里斯的身份和亲缘关系也发生了许多变化，他原本的长子狒狒神巴比（Babi）不再出现，取而代之的是王权之神荷鲁斯。与不同太阳神之间经常相互融合一样，作为冥神的奥西里斯也经常和其他冥神融为一体，例如著名的三联神普塔赫 - 塞克 - 奥西里斯（ptah-seker-osiris），这三位冥神融合为一，成了象征着终极死亡的冥神。

奥西里斯在古埃及广受崇拜，因此每年的奥西里斯节日游行都非常盛大。用雪松木雕刻并用黄金和宝石装饰的奥西里斯神像被装在船形神龛之中，由祭司们抬着游行。游行路线是从奥西里斯神殿到达一座象征性的奥西里斯坟墓前，再沿尼罗河回到神殿，途中一群带着阿努比斯面具的祭司担任先驱和护卫，另一些人则扮演奥西里斯的敌人向队伍发起象征性的攻击，随后被奥西里斯的祭司和信众们击退。最后众人一起庆祝奥西里斯获得了胜利，节日的庆典也达到了最高潮。

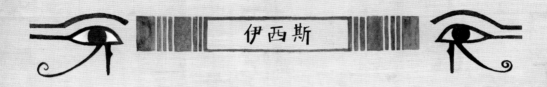

伊西斯

伊西斯（Isis）是埃及神话中的魔法女神，盖布与努特之女，九神团之一，男神奥西里斯的妻子，荷鲁斯之母。

伊西斯的外观通常表现为一名穿着长套裙、头戴王座符号的女神形象。她一只手中有时拿着象征生命的安可符号，有时拿着象征长寿和繁荣的提耶特符号或莲花、悬铃木（在国内常被谬称为"法国梧桐"），另一只手则握着莲花手杖。在一些地方神话中，伊西斯经常被与另一位女神哈索尔等同起来，导致两者的形象也逐渐趋同。有时她头戴着一顶和哈索尔女神身份相关的带有牛角的太阳圆盘，手持哈索尔女神的象征物——叉铃（sistrum）和梅纳特项链（menat）。甚至在一些壁画中，她直接以头顶太阳圆盘的母牛形象出现，这显然是哈索尔的外观。

值得一提的是，提耶特符号早在古王国时期就被视为神圣符号，这个符号是一条首尾相连的复杂绳结，象征着众神和王室的力量，同时也象征着长寿或复活的魔力。到了新王国时期则成了象征伊西斯的专属符号，被描述为伊西斯的血液，因此该符号又被称为"伊西斯结"或"伊西斯之血"，在制作这个护身符时，工匠们通常会选用红玉髓、红木或者红玻璃来模仿血的颜色。

目前已经无法确定伊西斯崇拜的起源地是在哪里，但可以确定的是，在早王国之前，对伊西斯的崇拜已经在下埃及三角洲的塞本尼托地区流行起来。伊西斯名字最早出现在第五王朝时期的金字塔铭文中，该铭文将伊西斯视为过世国王的妻子。值得注意的

是，尽管此时伊西斯还没有融入后来的赫利奥波利斯神系当中，但却已经和代表去世国王的奥西里斯有了一定的关联。在同一时期，她偶尔也会被视为代表国王的荷鲁斯的配偶，后来这个身份被哈索尔女神取代。

随着伊西斯被融入赫利奥波利斯神系之中，她成为了努特和盖布的长女，奥西里斯的妹妹和妻子，以及赛特和奈芙蒂斯的姐姐。稍晚一些的时候，伊西斯被设定为荷鲁斯的母亲，同时她也成为了国王的母亲，她头上代表王位的符号，可能是在这个时期才被增添上去的。

尽管很多人提起伊西斯都喜欢强调她是一名优秀的妻子和母亲，但是令人无法忽略的是，她本身还是一名拥有出众智慧和强大魔法的女神，这让她在埃及神话中有着极其崇高的地位。古埃及人认为众神的力量来源于他们的名字，知道他们真实的名字就可以拥有控制他们的魔力，而伊西斯恰好是极少数知道所有神名字的神。

在一个著名的神话中，只有太阳神的真名是所有神都不知道的，为此伊西斯收集到了拉神的唾液，将其与泥土混合后捏成蛇形，凭借自己强大的魔力制造出了一条足以令太阳神中毒的剧毒蛇。随后伊西斯将这条蛇放在太阳神每日必经之路上，用咒语控制它袭击了太阳神，在他身上留下了连他也无法忍受的痛苦。太阳神的身体因此剧烈颤抖，甚至无法再前进一步，这让众神都陷入了恐慌。就在众神试图拯救太阳神却始终无果之际，伊西斯出现并要挟太阳神用他的真名来交换解毒的咒语。太阳神不愿意将自己的真名告知伊西斯，以免她拥有凌驾于自己之上的魔力。为此，太阳神试图用一些假名来蒙骗伊西斯，但伊西斯并没有上当。最终蛇毒的痛苦迫使太阳神妥协，将真名交给了伊西斯，伊西斯清除了太阳神体内的毒液，也通过太阳神的真名将他所有的力量转移到了自己的身上，这让伊西斯拥有了古埃及众神中最强大的魔力——尽管这个故事来源于一篇消除伤者体内由蝎子和蛇留下的毒液的咒语文本，但其中最重要的部分在于太阳神默许了伊西斯将他的真名转交给荷鲁斯，令荷鲁斯也拥有了强大的魔力，这个说法令自诩为荷鲁斯人间化身的国王相信自己如同荷鲁斯一样，拥有超越众神的力量。

作为奥西里斯的妻子，伊西斯被视为奥西里斯在人间的最佳辅佐者，帮助奥西里斯治理埃及大地。在金字塔铭文中，她曾经预见并最早意识到奥西里斯被赛特谋杀，为此感到极度的悲痛。奥西里斯遭到赛特碎尸后，她和妹妹奈芙蒂斯动身沿着尼罗河流域寻找丈夫被抛撒到埃及各地的尸块，将其寻回并拼合起来（当然也有一些地方神话认为尸体没有被寻齐，剩余部位以黄金代替）。因此，伊西斯的形象有时被表现为一只背负奥西里斯尸体飞行或在奥西里斯尸体旁施展魔

伊西斯结

法使他起死回生的鸢——在第十七王朝的阿梅莫塞石碑上的赞美诗里（该碑现藏于卢浮宫博物馆），伊西斯就化身为鸢，展开双翼守护着奥西里斯的尸体，扇动翅膀将生命的气息注入他的身躯。这让奥西里斯得以短暂复活，并和她生下了荷鲁斯，之后奥西里斯进入冥界，而伊西斯则留在人间照顾新生的荷鲁斯。

　　进入中王国时期，由于伊西斯曾经守护奥西里斯的尸体并令其复活，在许多地方神话中，伊西斯被视为亡灵的守护神和令死者重生的女神。此时伊西斯对亡灵的守护已经不仅仅局限于王族内部，就连贵族和平民也同样受到伊西斯的保护，这让她的崇拜者的数量大增。

　　在众多《死者之书》当中，只要提及伊西斯，都声称她能保护死者安全渡过重重险阻并最终通过冥界的审判。在许多出土的古埃及棺材上，都可以看到伊西斯和奈芙蒂斯展开巨大双翼的蹲姿图案，也有许多木乃伊佩戴着伊西斯张开双翼的护身符，其目的都是为了保护死者免遭恶魔侵扰。

　　伊西斯身为奥西里斯的妻子，有时也分担了一部分农业神的职能，古埃及人认为每年尼罗河泛滥的洪水，就是伊西斯为奥西里斯所流下的悲伤的眼泪。同时古埃及人认为天狼星和伊西斯有关，天狼星和太阳同时出现在地平线的那天就意味着新一年的到来，这一天的确定对古埃及人一整年的农耕计划都有着至关重要的意义，所以在古埃及时代，祭司会使用名为麦尔科特的悬尺来确定每天天狼星在夜空中的位置。

　　身为王权之神荷鲁斯的母亲，伊西斯也和王权产生了密切的联系。古埃及国王通常自视为荷鲁斯在人间的化身，因此伊西斯被视为国王的母亲，同时也是国王的强大守护者。古埃及时期伊西斯的常见形象之一就是给幼童荷鲁斯哺乳的造型，因此在金字塔铭文中，国王被描绘为从他的母亲伊西斯的胸前吮吸母乳。而在图特摩斯三世的陵墓壁画上，也有一幅描绘国王正被一棵长有乳房的悬铃木（伊西斯的代表植物）哺乳的情景，这种吮吸神圣母乳的画面为已经去世的国王提供了足以令他复活的生命力。

　　在《荷鲁斯与赛特的争斗》这一神话故事中，伊西斯在尼罗河三角洲的艾赫米姆地区生下了奥西里斯的遗腹子荷鲁斯，并躲在沼泽地中将其抚养长大。然而幼年的荷鲁斯

伊西斯与天狼星
当天狼星与太阳同时出现在地平线，
就意味着新年的到来

025

命运多舛，他曾经被毒蛇、蝎子等危险动物伤害而濒临死亡，这让伊西斯悲痛欲绝，在闻讯赶来的智慧之神图特的帮助下，她借助众神的力量，使用了强大的咒语，将毒液从荷鲁斯的身体里驱赶出来，这才救下了荷鲁斯——因为这个故事，伊西斯又被视为幼童的保护神，保佑他们避开致命的危险，得以健康成长。

古埃及祭司所使用的许多治疗中毒、蝎子蜇咬的魔法咒语也与这个故事有关，例如"梅特涅石碑"上的咒语："你的手属于你，荷鲁斯，你的右手是舒，你的左手是泰芙努特，他们是拉的孩子。你的肚子属于你，荷鲁斯，荷鲁斯的孩子在其中，不会受到蝎子的毒害。你的力量属于你，荷鲁斯，赛特的力量不会战胜你。"古埃及人相信伊西斯的体液能够治愈病痛，因此用水冲洗包括"梅特涅石碑"在内的伊西斯魔法咒语石碑并将这些水喝下，被认为能够帮助患者摆脱疾病的困扰。

荷鲁斯长大之后，伊西斯带着他前往众神所在地，希望众神主持公道，让荷鲁斯向谋杀了他父亲并篡位的赛特复仇，夺回属于自己的王位。众神在得知赛特谋杀奥西里斯的事情后大惊失色，对王位究竟应属于谁展开了激烈的争辩，为此太阳神授意大地之神盖布主持召开裁决会议，来决定王位的归属，一部分神同情奥西里斯和伊西斯的遭遇，因此更倾向于荷鲁斯。

赛特对此大为恼火，为了阻止伊西斯帮助荷鲁斯，他拒绝在伊西斯到场的情况下召开这次裁决会议。众神迫于他的地位而不得不答应了这一要求——他们在湖中岛上召开会议，伊西斯被禁止搭乘船只前往该岛。为此伊西斯展现了她超越众神的智慧，她先是化身为一名年老的妇女，向岸边的船夫表示要为一个照看牲口的男孩送食物，从而得以顺利上岛；随后她又化身为一名美貌的女士，接近准备参加裁决的赛特，赛特被她的美貌所吸引，伊西斯趁机向他求助，声称自己的丈夫去世后，他留给妻儿的遗产被一个陌生人夺走，希望赛特为她主持公道。赛特对此大为愤怒，指出至亲获得死者的遗产是不应该受到侵犯的——就在赛特说出这句话的时候，伊西斯现出真身，并将赛特刚才说的话在众神面前复述出来，因为荷鲁斯正是去世的奥西里斯的儿子，他才是最有资格继承王位的人。

随后在太阳神的协调下，众神开始就荷鲁斯、赛特双方谁有资格继承王位展开了辩论，赛特趁机用体液伤害了荷鲁斯的手掌，伊西斯则果断用刀砍断了荷鲁斯被污染的手，并用魔法为他重塑了一只手，随后又将荷鲁斯的体液涂抹在莴苣上骗赛特吃掉。于是在众神最终裁决的会议上，赛特指出荷鲁斯身体里已经有了他灵魂的种子，应该听命于他——这是古埃及宗教中一种很奇特的认知，认为一方的灵魂存在于另一方的身体内，决定了后者必须臣服于前者，并且地位低于前者。

但由于伊西斯之前采取的措施，赛特从荷鲁斯体内呼唤自己种子的举动自然失败了。接下来换荷鲁斯从赛特体内呼唤自己的种子，这次一个闪亮的灵魂圆盘从赛特的头上浮现出来，赛特不得不在裁决会议上承认失败。荷鲁斯最终赢得了本应属于自己的王位。

正因为伊西斯在埃及神话中的多重身份，对她的崇拜遍布埃及全境，人们用许多充满崇敬的称呼来赞美她，例如"忠贞的妻子""坚强的母亲""比万神更聪明者"等。然而崇拜伊西斯的地区并不仅仅局限于埃及本土，几乎整个东地中海区域都有女神的信徒，人数甚至超过了女神的丈夫奥西里斯崇拜者的数量。

伊西斯是贵族官员的守护神，也是奴隶、罪犯和弱势群体的朋友。在毕布罗斯、雅典卫城、德洛斯岛甚至被火山灰掩埋一千七百多年的庞贝古城里，都能找到伊西斯女神的神庙和她的象征物。

人们对伊西斯的崇拜更是长达三千多年，一直持续到古埃及已经灭亡了数百年后的公元6世纪——包括戴克里先、狄奥多西一世在内的多任罗马皇帝都没有取缔对伊西斯的崇拜，甚至还要求当地部落每年都要造访莱菲岛并带一尊伊西斯的神像过去，直到查士丁尼在位时期才强制关停了岛上的伊西斯神庙，将伊西斯的祭司和神像带到了君士坦丁堡，这也是最后一座被关闭的古埃及神庙。

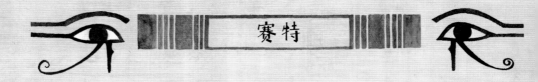

賽特

028

赛特（Seth）是埃及神话中的力量之神，盖布与努特之子，九神团之一，女神奈芙蒂斯的丈夫，阿努比斯之父。

赛特的外观通常表现为一名有着直立长方形耳朵、突出嘴巴的黑色兽首人身的男性神祇。有关赛特的形象究竟是哪种动物一直存在较大的争议，一部分动物学家认为它是生活在非洲的土豚（当然土豚没有赛特标志性的长方形耳朵），也有一些动物学家认为它是一种将多种动物的外观

赛特兽

拼合而成的图腾类虚构动物。除了这个目前无法辨识的动物造型外，赛特还有豺首、鳄鱼首、河马首、羚羊首、猪首和驴首的造型，同时，一些特殊造型的动物也常被视为赛特的化身，例如壁画中常见的被国王割喉的羚羊，被当作祭品献祭的红色公牛以及《死者之书》中太阳神让荷鲁斯看的黑色野猪，都代表赛特本身。另外和其他神祇不同的是，赛特通常被描述为"铁骨"，这和其他神以黄金为肉体、以白银为骨骼完全不同。

赛特在埃及神话中的地位相当复杂，最开始的时候，他和荷鲁斯一样，被视为国王的保护神。一些金字塔铭文中曾经提及国王的力量就来源于赛特，因此赛特被视为"力量之主"。据记载，他手中的权杖重量接近两吨，他声称自己能够轻易砸死其他神祇。同时他也是太阳神每天穿越冥界时站在船头的护卫，他与躲在冥界深处、每天都试图攻击拉神的巨蛇阿佩普战斗，用锁链将阿佩普束缚后再用长矛将其刺杀（当然阿佩普每天都会复活），保证了太阳神安全通过冥界，并在第二天早上照常升起。

赛特最早的崇拜地在上埃及地区的奥姆博斯-涅加达地区，但他最主要的崇拜者却集中于下埃及东部三角洲地区，其中不少人出身于上层贵族，这也就是为什么早王国时期下埃及统治者的崇拜对象一直都是赛特。在第二王朝伯里布森国王的王名圈上，赛特王衔甚至取代了传统的荷鲁斯王衔，而他的继任者卡塞海姆威则将荷鲁斯与赛特都视为王

权之神，将两者并列于自己的王衔之上，这是绝无仅有的。从这之后，赛特就再也没有被视为王权之神，但赛特信仰仍然在许多场合得到了王室的宣扬，例如金字塔铭文中就将国王的力量称为"努贝（nbw）的赛特"，努贝来源于"黄金"一词，这或许是从古埃及传统王衔之一的"金荷鲁斯"衔上迁移到赛特身上的。

到了新王国时期，赛特的名字依然出现在与国王有关的铭文中，例如图特摩斯三世远征麦吉多的铭文中就记载："国王登上金色的战车……赛特的力量充满他的四肢。"而到了出身于下埃及的第十九王朝王族统治时期，他们对赛特的崇拜有增无减，不仅有两位国王以赛特为名，他们还亲自主持祭祀赛特的仪式，在拉美西斯二世远征卡叠石时，铭文里甚至将国王与赛特等同起来（"国王拿起武器、披上铠甲，犹如展现力量的赛特"）。到了第二十王朝的拉美西斯三世时期，一幅描述国王在赛特的帮助下消灭了来袭的海上民族的浮雕被雕刻在底比斯西部的美迪奈特哈布神庙的北墙上。

等到荷鲁斯在神话中的地位完全超过赛特，赛特就开始被视为荷鲁斯的敌人。随着赫利奥波利斯神系的建立，他成了荷鲁斯的叔叔，并与荷鲁斯的父亲奥西里斯为敌，被视为谋杀了奥西里斯的凶手。在奥西里斯作为埃及黑色土地的象征之时，他则被视为与之相对的"沙漠、外国"的象征。基于同样的原因，在奥西里斯掌管的冥界杜亚特，赛特被视为令所有亡灵都为之恐惧的恶神，一旦亡灵被躲藏在阴影中的他抓获，就会被吞噬并彻底湮灭。

同样地，当荷鲁斯被视为天空之神时，赛特则被视为大地之神，古埃及人认为金属矿物就是赛特的骨骼，这也就是他被描述为"铁骨"的原因。当然，"铁骨"也不能让他免于被荷鲁斯击败——在荷鲁斯与他的争斗中，他挖出了荷鲁斯的一只眼睛，而荷鲁斯则将他的前腿和生殖器全都扯了下来。荷鲁斯击败赛特的神话主题后来被古埃及国王们演绎为著名的"杀河马仪式"，自视为荷鲁斯人间化身的国王们用长叉猎杀被视为赛特化身的河马，以重现荷鲁斯击败赛特的场景。从古王国时期马斯塔巴式墓葬内出现的狩猎河马的形象，可知这一活动早在第一王朝就已出现。即使许多国王可能就死于"杀河马仪式"这一危险的活动中。

尽管赛特被视为荷鲁斯的敌人，但他仍然在古埃及宗教中占据着重要的地位。在众神决定将王位归还于荷鲁斯之后，太阳神将赛特带在了身边，每天与他一同乘坐太阳船穿过天空，因此赛特又被称为"北方天空之王"，掌管来自地中海上的风暴与云层。

到了新王国时期，随着古埃及和西亚地区的交流日渐频繁，古埃及人又将赛特与来自西亚迦南地区的暴雨神巴力结合起来，将他也视为暴雨之神。他的这一神格真的派上了用场，拉美西斯二世就曾经向赛特祈求消除暴雨，好让前来埃及与他和亲的赫梯公主不至于因暴雨受阻于半路，而这次赛特果然"显灵"了。

奈芙蒂斯

奈芙蒂斯（Nephthys）是埃及神话中的葬礼女神，盖布与努特之女，九神团之一，男神赛特的妻子，阿努比斯之母。

奈芙蒂斯的外观通常表现为一名穿着长套裙、头戴着房屋符号的女性形象。她的头发被描述为裹尸布，一只手拿着象征生命的安可符号，另一只手持莲花手杖。她的造型很多时候和姐姐伊西斯趋同，例如两者都经常被表现为张开双翼的女性守护神形象，或者正在飞翔的鸢。

早期埃及学家将奈芙蒂斯的名字解读为"房屋的女主人"，这可能是根据她头上的装饰物形象得出的，但现在的研究通常认为这个装饰物代指的是神庙，那么对应的，奈芙蒂斯的名字就应该解读为"神庙的女主人"（祭司）。

　　奈芙蒂斯本身在埃及神话中出现的次数并不多，通常会和她的姐姐伊西斯一同出现。古王国时期，奈芙蒂斯就和伊西斯一同被视为国王的守护女神，她们为死去的国王而悲痛哭泣，并护送他的亡灵进入冥界杜亚特。随着奥西里斯在神话中的地位上升，她也被视为奥西里斯身边的葬礼女神，这一点从她由裹尸布组成的头发就可以看出——裹尸布保护着死去国王的尸体，但又是国王复活之后必须要挣脱的束缚。在第十八王朝的图特摩斯三世统治时期，有的铭文称她为"生命之床的奈芙蒂斯"。

　　和奥西里斯与伊西斯的结合不同的是，奈芙蒂斯和赛特的结合很少被宗教典籍提及，也看不出他们之间的感情联系，甚至在一些神话中，赛特曾经想杀死他和奈芙蒂斯还未出世的孩子阿努比斯，最终在伊西斯的保护下，阿努比斯才得以顺利降生，而奈芙蒂斯担心赛特的进一步报复，说服姐姐伊西斯收养了阿努比斯。这也是阿努比斯成为了奥西里斯养子并被视为一名冥界之神的缘故（希腊人普鲁塔克则将阿努比斯视为奥西里斯和奈芙蒂斯的私生子，这显然和埃及神话的本意相悖）。

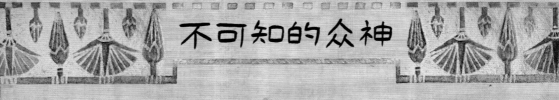

不可知的众神

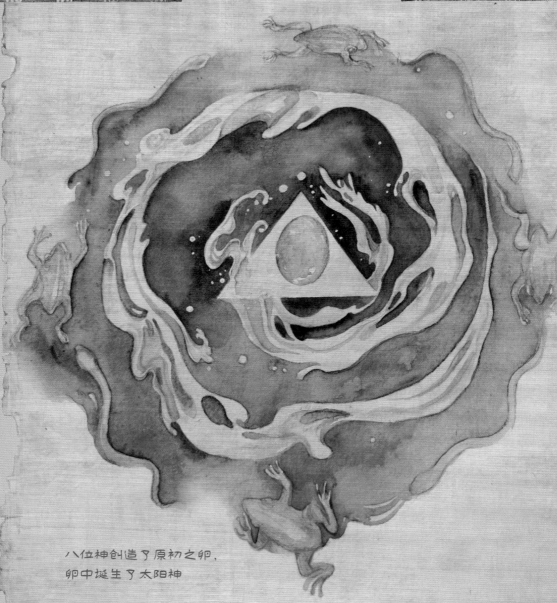

八位神创造了原初之卵，
卵中诞生了太阳神

　　三大神系中的赫尔摩波利斯神系发源自赫尔摩波利斯城。

　　赫尔摩波利斯是一座位于埃及中部地区的古老城市，早在前王国时期就有部落定居于此，在古埃及时代，这座城市被称为Khemenu（意为"八"），是上埃及第十五州的首府。到了希腊化时代，由于希腊人将这座城市的主神图特视作希腊神话中的赫尔墨斯，故得名为赫尔墨斯之城，也就是赫尔摩波利斯。

　　赫尔摩波利斯被视为图特之城，是因为当地的神话体系建立在图特协助八神团（Ogdoad）创世的内容上——与赫利奥波利斯以太阳神最先出现并创造世界的神话不同的是，赫尔摩波利斯的八神团要比太阳出现得更早，也就是说，太阳从整个创世过程中的最初元素变成了最终的元素。

　　在赫尔摩波利斯神系的创世神话里，最初的原始海洋中浮起了一座土丘，同时海洋里出现了四只青蛙和四条毒蛇，这八只动物共同在浮出海面的土丘上创造了一颗巨大无比的卵，太阳就是从这颗卵中诞生的——在当地神话中，智慧之神图特协助太阳从卵中诞生，因此图特有着等同于创世神的崇高地位。

　　八神团代表着太阳诞生之前的原始混沌状态，其中包括四位蛙首男神与四位蛇首女神，他们两两结合为四对配偶：第一对是努恩（Nun）和努涅特（Nunet），象征着原始海洋；第二对是海赫（Huh）和海赫特（Huhet），象征着无限；第三对是库克（Kuk）和库克特（Kuket），象征着黑暗；第四对是阿蒙（Amun）和阿蒙涅特（Amunet），象征着隐秘不可知。

太阳在八神团的迎接下从土丘上升起照耀大地，这时的八神团被描述为狒狒的形象，他们抬起双手托举着太阳。这座诞生了太阳的土丘也受到了古埃及人的崇拜，他们认为这一土丘位于中埃及地区，也就是今天埃及的艾尔-阿什穆因，这里至今仍然存在着众多有关八神团崇拜的遗址，而在底比斯西部的美迪奈特哈布（Medinet Habu），同样也有供奉八神团的神庙。

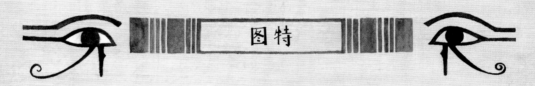

图特

图特（Thoth）是埃及神话中的智慧之神，同时也是与一切知识、书写、文字、艺术、典籍、数学等智慧型工作相关的神祇，有时他还是月亮之神。

图特的外观通常表现为头戴新月王冠或头顶满月圆盘的鹮首人身男性形象，有时候则完全以埃及圣鹮或是狒狒的形象出现。早在前王国时期的一块调色板上就有圣鹮的造型，古埃及人将它的弯曲鸟喙视作新月，而它身体上黑白相间的羽毛则被附会为月亮的盈亏变化。到了第一王朝时期，阿拜多斯地区就已经出现了化身为蹲坐狒狒形象的图特釉质小雕像——古埃及人认为狒狒在黎明日出时起身人立、发出的刺耳叫声是在向太阳表达崇敬。因此在许多狒狒形象的艺术品中，它们通常都表现为像人类一样站立、面对太阳高举前爪的造型。

关于图特的起源，至今仍然是埃及神话中的一个不解之谜，在所有的早期神话中，都未曾提及图特究竟是什么时候，又是如何诞生的，而他在许多地方神话中协助创世神进行创世活动，这一诞生于众神乃至创世之前的经历无疑又为他增添了几分神秘色彩。到了中王国之后，一些地方神话试图为图特增加他的身世故事，其中一个故事将他描述为赛特的儿子——只不过这个故事里的图特并非正常出生，而是从赛特的脑袋里跳出来的。到了新王国时期，在第十八王朝最后一位国王霍伦海布时期的雕像上，则将图特称为拉神之子。另外，图特的配偶在不同的神话中也有不同的说法，正义女神玛阿特、藏书室女神塞瑟特，以及被称为"八神城的牛"的奈赫玛塔维都曾被视为图特的妻子。

图特受到古埃及人的广泛崇拜，主要是因为他代表着一切与文字、科学有关的行为，掌管着所有"生命之宫"的典籍（per ankh，古埃及王室收藏文献的档案资料库）。在古埃及人心目中，无论是文字还是绘画、雕刻，乃至数学、数字，都有着强大的魔力（例如知道众神的名字就能够使用他们的力量），足以影响并改变现实世界，因此图特被视为知晓世间一切知识的伟大存在。

图特作为"神圣文字"（也就是古埃及圣书体）的创造者，他将如何书写这些神圣文字的知识传授给了一代又一代的书吏，同时又赋予他们进入生命之宫中的资格，让他们得以从中获取所有被图特保护的知识——例如医学、几何学、宗教仪式等，并将这些继续传授下去。因此这些书吏也自称为"图特的追随者"，他们相信崇拜图特能够得到他的智慧。在中王国时期一篇名为《国王的魔法师》的民间故事中就提到，一个名为杰提的魔法师因为知晓图特神庙中密室的数量，甚至知道记录着图特所有智慧的书籍藏于何处，因此获得了远超所有人的智慧和魔法。

在藏于牛津大学阿什摩尔博物馆的一副莎草画上，画中的抄写员用自己的肩膀支撑起狒狒造型的图特，而另一幅藏于卢浮宫的莎草画上，抄写员盘腿坐在地上，将展开的莎草卷放于双膝间，聆听着面前祭坛上坐着的狒狒造型的图特的教诲。有趣的是，这些书吏也认为化身为狒狒形象的图特能够用他敏锐的目光盯着所有的书吏，防止他们将自己的书写能力用于谋取私利。

对于国王来说，图特则被视为荷鲁斯以及正统王权的忠实拥护者，在《荷鲁斯与赛特的争斗》中他全力支持荷鲁斯继承王位，因此在许多壁画中，可以看到图特和国王面对面传递生命的图像。在古王国时期的金字塔铭文中，化身为圣鹮的图特会带着死去的国王渡过天河（即银河），加入众神的行列。图特能够通过卓越的口才来化解众神之间的矛盾、让万事万物都遵从被称为"玛阿特"的宇宙秩序，为此他会对那些违背玛阿特的邪恶者展现出毫不留情的残酷一面，将他们杀死并夺走他们的心脏。

另外，图特在冥界中也有相当重要的地位，他在那里担任书吏，负责记录所有进入冥界的灵魂，并在审判大厅中掌管量心仪式的天平。在《阿尼的死者之书》的画面中，可以看到鹮首人身的图特手持芦苇笔和调色板站在量心仪式的天平下，观察死者的心脏和代表真理的玛阿特羽毛是否等重，记录下称量的结果并做出裁决——古埃及人似乎并不担心这一过程会出现舞弊，他们认为图特所代表的公平和正义是不容置疑的，许多贵族在自述的铭文中都宣称"（自己）像图特一样真实"。有时候图特还会化身为狒狒坐在审判天平的顶端，用响亮的声音向端坐于王位上的奥西里斯大声宣布审判的结果，由他宣布结果的死者被认为已经通过了审判，能够进入来世获得永生的资格。

非常有意思的是，古埃及人对图特的崇拜表现为热衷于将代表他的圣鹮和狒狒两种动物制作成木乃伊。公元前4世纪末，名为佩托西里斯的图特祭司在修复了波斯人入侵时对图特神庙造成的破坏之后，又为狒狒和圣鹮修建了存放它们木乃伊的墓穴，这座墓穴距离他本人的墓不远，迄今为止，总共有数千具代表图特的动物木乃伊从这座墓穴中被挖掘出来。

另外，图特在埃及以外的地区也有着崇高的地位。在南方的努比亚、西方的利比亚都有他的神庙。而在西奈半岛，由于他的神格和古阿卡德神话里的月神西奈相近（西奈半岛就是以他的名字命名的），所以也得到了当地人的崇拜，并在如今的塞拉比特埃尔-哈迪姆建造了他的神庙。在那里，他被认为掌管着当地的绿松石矿。

努恩和努涅特

努恩（Nun）和努涅特（Nunet）是同一个神格、不同性别的两位神，在八神团中代表着原始海洋。

努恩通常表现为一名全身蓝色的男性形象，有时双手托举着载有众神的船只。

努恩被视为"众神之父"，这是因为包括最早的大地——原始土丘、八神团以及太阳本身都是从努恩的身体里浮现出来的，体现了他作为宇宙基础物质来源的重要性。不过在创世神话之后，努恩似乎并没有再参与其他神话事件——唯一被记录下来的内容是努恩会在每天夜里将沉入地下世界的太阳重新推回到地平线上，好让它再度升起。因此古埃及人并没有专门针对努恩的宗教仪式活动，也没有专属的祭司和供奉他的神庙。

但是努恩的元素依然保留在众多古埃及神庙当中，无论是卡纳克神庙还是丹德拉神庙，都修建有象征努恩的圣池，里面积蓄着清澈的尼罗河水，祭司在进入神殿之前会用它来清洁身体，他们相信这样就像太阳神拉在努恩之中洗脸一样。出于同样的原因，阿蒙霍特普三世也在自己的皇宫中挖掘了一座人工湖。

有时努恩也代表了尼罗河，一篇写给克奴姆的赞美诗中就提到众神和人类都以努恩中的鱼类为食。

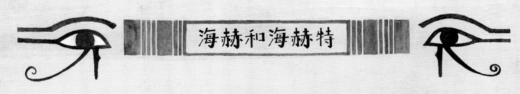

海赫(Huh)和海赫特(Huhet)是同一个神格的不同性别的两位神，在八神团中代表着无限。

海赫的形象经常被表现为一名跪坐于篮子上的男性形象（篮子是古埃及圣书体neb的符号），他通常双手各握着一根象征着"百万年"的棕榈枝符号，而他的手臂上往往还挂着一个篮子，里面放置着一个安可符号、一个杰德柱符号和一个瓦斯权杖符号，它们分别象征着"生命、稳定、力量"，和代表着"全部、某物的主人"的篮子放在一起时，共同构成了一个古埃及的传统祝福语"生命、健康、繁荣"。

由于代表着美好的祝愿，海赫的形象经常出现在壁画、器皿或珠宝上。在著名的"拉珲宝藏"中（即发现于埃及拉珲地区的中王国第十二王朝的王室墓葬随葬品），塞努塞尔特二世的女儿塞塔托丽尼特公主所拥有的一枚胸饰上就用青金石、绿松石和石榴石镶嵌出了他的形象，他托举着塞努塞尔特二世的王名，保佑国王健康长寿。

库克和库克特

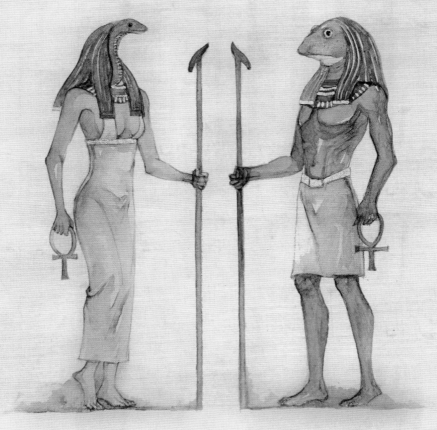

　　库克（Kuk）和库克特（Kuket）是同一个神格不同性别的两位神，在八神团中代表着夜晚与黑暗。

　　库克通常表现为一名蛙首人身的男性形象，而库克特则表现为一名蛇首人身的女性形象。和其他八神团中同一组神代表同一神格不同的是，库克和库克特分别代表着夜晚的不同阶段。男性的库克一般代表着黎明前一段时间的夜晚，负责引导太阳神的船从冥界上升到天空。而女性的库克特则代表着黄昏后一段时间的夜晚，负责引导太阳神的船从天空落下，进入地下冥界。

阿蒙和阿蒙涅特

阿蒙（Amun）和阿蒙涅特（Amunet）是同一个神格、不同性别的两位神，在八神团中代表着隐秘和不可知。和其他八神团成员不同的是，随着阿蒙与太阳神拉的结合，他最终成为古埃及最重要的神，被称为"众神之王"。

随着不同时期、不同地区的流传和融合，阿蒙有着众多截然不同的形象。其中最常见的是戴着象征上下埃及的双羽饰头冠、全身深棕色皮肤的男性形象，他有时端坐于王位之上，或是手持瓦斯权杖站立。而到了新王国时期，随着阿蒙与太阳神拉（或是赫拉克提）的形象进一步融合，阿蒙除了拥有太阳神的神格外，同样也拥有了拉神通常所表现出来的隼首人身的形象，这个形象在新王国时期拥有至高无上的地位。阿赫那顿一神改革失败之后，阿蒙开始被表现为全身蓝色皮肤的形象，一说是指他的身体由青金石所组成；另一说则是阿蒙的名字来源于古利比亚单词"aman（水）"，隐喻他来源于原始海洋；而古典作家们则认为他的蓝色形象暗示着古埃及人认为他是无形、看不见的。

除了这些常见形象外，阿蒙在最初的赫尔摩波利斯八神团之中也和其他男性神祇一样被表现为蛙首人身的形象；而在底比斯，他被表现为弯角公羊，在当地著名的"阿蒙大道"两侧就摆放着众多羊首狮身的阿蒙神像，而在阿蒙镀金庆典游行圣船"沃瑟哈特"（Woserhat）的船头船尾上有着同样的羊首形象；另外，阿蒙有时还表现为公牛、狮子或角蝰（一种头部有两处角质突起的沙漠毒蛇）的形象——公牛代表着自我诞生，狮子代表着力量与破坏性，而毒蛇则代表着不断复活。

另外，阿蒙在不同地区神话中的配偶也不尽相同。除了在赫尔摩波利斯神系当中作为他配偶神出现的阿蒙涅特之外，在底比斯的地方神话当中，他的配偶则被视为穆特，这是一位被视为"王国女主人"或者"天空女主人"的女神，他们的儿子就是月神孔苏，他们被视为底比斯地区的三联神。

底比斯三联神

阿蒙（Amun）
隐秘之神，众神之王

穆特（Mut）
万物母神

孔苏（Khonsu）
月神

　　阿蒙的名字最早出现在第五王朝末代国王乌纳斯的金字塔铭文之中，铭文中提及乌纳斯作为大地之神盖布的儿子，在死后上升到天空并坐在阿蒙的宝座之上，阿蒙会用自己的影子来保护他。这可能是阿蒙和王权之间建立的最早的联系，但一直到了新王国，阿蒙才真正意义上成为代表王权的最高神。

　　阿蒙最初代表着无形、不可见的创世力量，他在早期神话中没有具体的形象，名字里也只有表音符号而没有象形符号，甚至连众神都不知道他的模样，也不知道他所在之处。如果古埃及人不得不将阿蒙的形象具象化时，则将他描述为一种无形的空气流动——这一切都是为了凸显出他所代表的"隐秘"以及创造性，就像新王国晚期的赞美诗中所指出的那样，阿蒙通过自己的思想创造了天空大地、世间万物。从地中海吹来的北风、尼罗河的周期性泛滥或是生命体的呼吸，都是代表着阿蒙力量的空气流动所带来的。

穆特（Mut）
万物母神

阿蒙在中王国时期受到了底比斯地区统治者的崇拜，一些当地统治者开始以"阿蒙"为名，例如梅里阿蒙、阿蒙尼姆赫特等。随着底比斯王朝成功驱逐喜克索斯人，并重新统一上下埃及后，受到底比斯统治者推崇的阿蒙信仰也随即传播到埃及全境，由于他和在古王国就受到崇拜的拉神融合，一跃成为埃及全境最重要的神，被称为"众神之王""东方天空众神之首"或"上下埃及的王位之主"等（当然，"众神之王"的称号最早在第十二王朝塞努塞尔特一世时期就已经出现了）。

除了和太阳神拉融合之外，在一些地方神话中，阿蒙和拉、普塔赫三者联合，形成了一个至高无上的创世神——"众神有三，他们的名字分别是阿蒙、拉和普塔赫，三位神势均力敌：他如同阿蒙一般隐藏自己的名字，他的脸是拉，他的身体是普塔赫。"

从新王国开始，阿蒙与王权之间建立了紧密的联系，成了古埃及宗教中至高无上的存在。国王所取得的一切成就——无论是对外征服获得胜利，还是在境内进行大规模工程建设——都归功于国王的"父神"阿蒙。第十八王朝的哈特谢普苏特女王在丈夫图特摩斯二世去世之后，为了确保自己登基的合法性，就在壁画中将阿蒙描述为自己真正的父亲，因此自己有权成为古埃及的国王。同样地，取代女王的图特摩斯三世在登基之际，也在节日庆典游行时上演了载有阿蒙神像的圣船在他面前停留并示意的"神迹"，来佐证自己登基的合法性。

图特摩斯三世在对两河流域发动远征前，也不断向阿蒙祈祷，以期获得阿蒙的庇佑——从留下的文献中可以看到，阿蒙向图特摩斯三世传达神旨，讲述他是如何将幼发拉底河流域置于古埃及统治之下的，同时国王也在阿蒙的保护下，在敌人面前展现出"强壮的公牛""凶猛的鳄鱼"等让人恐惧的形象。作为回报，图特摩斯三世将每一次战斗的胜利都归功于阿蒙，他将每次战争的结果都记录下来，铭刻于卡纳克神庙的墙壁上，并将战利品奉献给阿蒙神庙。

这种战前向阿蒙祈祷的习惯一直延续到后期，例如拉美西斯二世在卡叠石被赫梯人的2500辆战车包围时，也向阿蒙祈祷，从而获得了强大的力量，让他"一个人驾车冲向敌人并击退了他们"，尽管拉美西斯二世能从卡叠石突围全靠及时赶到的援军，但是他

阿蒙神

摄于哈特谢普苏特葬祭庙，2018 年

还是更愿意彰显出这是他的"父神"阿蒙的庇护所致。

在新王国初期的对外征服中，每次国王获得胜利，都会向阿蒙献上大量战利品和国内外的土地，例如图特摩斯三世的一次远征凯旋后，就向阿蒙神庙贡献了1578名叙利亚奴隶和叙利亚的三座城市。这些不断增加的巨额财富让阿蒙祭司团体一跃成为古埃及最显赫的势力，能够和库什总督势力势均力敌，甚至一度威胁到了国王至高无上的王权。

从图特摩斯三世开始，古埃及国王们就开始有意识地运用各种手段打压阿蒙祭司团体的势力，到了阿蒙霍特普四世（阿赫那顿）时期更是直接进行了宗教改革，大规模地屠杀阿蒙祭司。但尽管如此，还是没能彻底动摇阿蒙在古埃及信仰中的崇高地位。阿赫那顿的宗教改革失败之后，对阿蒙的崇拜再次达到巅峰。到了第二十王朝的拉美西斯三世时期，从文献《哈里斯莎草》中可以得知，阿蒙祭司团体拥有古埃及160个城镇和西亚地区9个城镇的土地，他们的权力已经不仅仅局限于古埃及本土，而他们的意志几乎代表了整个古埃及的意志。

随着新王国时期的结束和第三中间期的分裂，一度风靡埃及全境的阿蒙崇拜开始衰落，但在底比斯地区，对阿蒙的崇拜有增无减。尽管阿蒙祭司们承认下埃及第二十一王朝的国王们的统治，但他们对上埃及的控制已经形成了事实上的割据——他们占据着全国约六成的土地和九成的船只以及大量其他财富，远比下埃及的国王们更有权势。后来上埃及阿蒙祭司之子普苏森尼斯一世继承了下埃及的王位，成为古埃及的最高统治者。

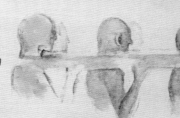

节日庆典中，抬着阿蒙神龛的祭司们

除了古埃及王室外，阿蒙还受到古埃及平民阶层的广泛崇拜，是因为他能够为平民的日常生活提供信仰上的庇护。例如，古埃及人相信阿蒙具有治愈患者病痛的能力，从一些魔法文献中可以得知，念诵带有阿蒙名字的咒语能够治愈眼疾、蝎子蜇咬等病痛，在底比斯西部地区的戴尔麦地那工匠村出土的一块还愿石碑上，可以看到名叫内布拉的工匠为了自己病重的朋友纳赫塔蒙而向阿蒙祈祷，他急切地请求阿蒙治愈他朋友的重病。还有一些咒语能够让阿蒙保护平民免遭鳄鱼、毒蛇、狮子、河马的袭击，并用火焰杀死这些被认为是赛特之子的凶恶猛兽。同时他所代表的"（生命）空气流动"带给人们死后复活的美好愿望，前文中提到的阿蒙所化身的角蝰就是这一象征的具体形象——蛇的蜕皮一向被古埃及人视为重获新生的方式。

和伊西斯一样，阿蒙在很多时候也被认为是古埃及所有地位卑微者的保护神。一些有关阿蒙的赞美诗中将他称为"卑微者的宰相"，认为他能保证贫民在法庭上获得公平的待遇，他不会勒索祈求者的财产也不会接受贿赂——就连许多官员在自己随葬的咒语文本中都特意强调，自己如同阿蒙一样保证了司法的公正，并且从未接受过他人贿赂。

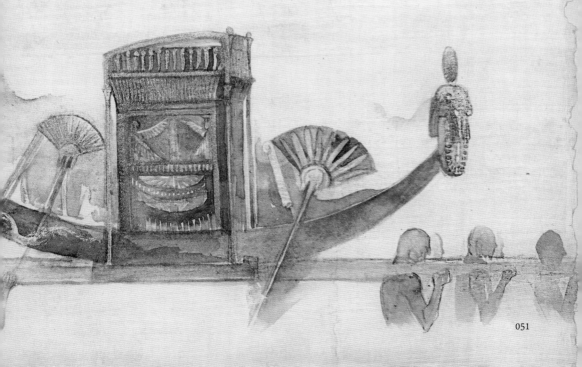

另外，阿蒙还是旅行者的保护神，许多被派往外国的使者和进行贸易的官员都会随身携带被称为"道路的阿蒙"的小雕像，来保佑自己旅程顺利、能够安全返回埃及。在著名的《温阿蒙出使记》的文献中，我们能看到这位被百般刁难、困在西亚地区无法回国的古埃及外交官员就供奉着这样的神像。

阿蒙在古埃及最著名的崇拜建筑物就是卡纳克神庙，这是一座从古埃及第十一王朝末期就开始修建的大型神庙群，里面供奉着底比斯三联神阿蒙、穆特和孔苏。古埃及人对它的营建和修缮一直持续到托勒密时代，期间哈特谢普苏特女王、图特摩斯三世、阿蒙霍特普三世和拉美西斯二世都对这座神庙进行了大规模的扩建，其中的方尖碑、多柱大厅等宏伟的建筑一直留存至今。

图特摩斯一世向阿蒙神献祭
2018 年摄于哈特谢普苏特葬祭庙

除了卡纳克神庙之外，附近的卢克索神庙同样供奉着阿蒙，这座神庙的主体是由阿蒙霍特普三世和拉美西斯二世修建的，在有关阿蒙神的节日庆典游行中，祭司们会抬着载有阿蒙一家三口神像的圣船，率领着由舞者、乐师和士兵组成的游行队伍从卡纳克神庙来到卢克索神庙。在卢克索神庙的围墙上，至今还能看到描绘这一庆典盛况的壁画。

在受到古埃及文化影响极深的努比亚地区，同样崇拜着阿蒙神，在这里他被称为阿蒙尼（Amane）。即使后来古埃及人已经无法再控制努比亚地区，但阿蒙信仰在当地依旧稳固，以至于第二十五王朝的库什国王们占领了上埃及并击败了下埃及联军之后，将许多战利品都奉献给了底比斯的阿蒙祭司们，连他们的王名都采用"阿蒙之子"来代替古埃及国王的"拉之子"王名。

而在利比亚，也有一位被称为"锡瓦的阿蒙"的神，当地首领就被视为这个阿蒙的儿子——当然，他原本是利比亚地区部落所信仰的神，和古埃及的阿蒙并无关系，但经利比亚部落带入古埃及之后，最终和古埃及本土的阿蒙融为一体。亚历山大进入埃及时，就曾专程前往锡瓦绿洲，去探访这位"锡瓦的阿蒙"的神庙。

与阿蒙在古埃及的显赫地位不同的是，阿蒙涅特作为他的原始配偶，并没有受到太多的崇拜，甚至连她作为阿蒙配偶的位置都最终被穆特女神所取代，但是在赫尔摩波利斯神系之中，她还是有着相当重要的地位。阿蒙涅特作为代表"隐藏"的神，古埃及人认为她的影子能够带来保护。即使在她的地位被穆特取代后，阿蒙涅特也依旧保留着独立的身份，她被视为和国王登基及登基周年庆典有关的女神，在图特摩斯三世的一块纪念碑上，能够看到她和敏神率领着众神庆祝国王登基的周年庆典；而在图坦卡蒙时期的雕像上，还能看到她戴着象征下埃及三角洲的红色王冠的形象。

工匠与大地

孟菲斯的守护神
——普塔赫

　　三大神话体系中的孟菲斯神系发源自孟菲斯城。

　　孟菲斯是埃及最古老的城市，位于今天开罗以南20千米处的尼罗河西岸，处于上埃及尼罗河谷地与下埃及三角洲冲积平原的交会地带，面积广阔、土地肥沃、水源充足，至今仍然是埃及人口最密集的地区。孟菲斯的建城史可以追溯到第一王朝国王那尔迈统一上下埃及的战争后，它最初被称为"白墙"（Inebu-hedj），到了新王国时期则被称为"持久美丽"（mn-nfr），这也正是它的希腊语名称孟菲斯的词源（经过科普特语转译）。在很长一段时间里，孟菲斯都是古王国时期的首都，留下了诸如阿布西尔、代赫舒尔等著名古代遗址。

　　古埃及人普遍相信各种各样的自然现象来源于众神所展现出的力量，这些力量有的给万物生灵带来充沛的生机，有的则带来恐怖的毁灭。因此，古埃及人将这种泛神论的思想带入到他们的宗教信仰当中，认为他们念出的

尼罗河形似莲花，上埃及是莲花之茎，下埃及三角洲是莲花花瓣

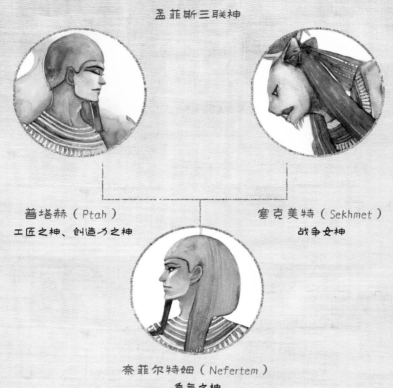

孟菲斯三联神

普塔赫（Ptah）
工匠之神、创造力之神

塞克美特（Sekhmet）
战争女神

奈菲尔特姆（Nefertem）
香气之神

咒语、举行的仪式或献上的祭品等都是在祈求这种强大的力量维持平衡，以保佑人们的平安。许多神祇会被人们赋予不同的称呼，有些是在颂扬他们的伟大，有些则是表明其所具有的能力或地位，称呼越多，就越说明他们比其他神更加神通广大、无所不能，这些神祇往往在各地神话中占据着至高无上的地位。在孟菲斯，这种创世的力量被认为来源于普塔赫。

在古埃及第六王朝时期，孟菲斯的地位达到了历史巅峰，正是在这一时期，它成为创造之神普塔赫的崇拜中心，并一直延续到托勒密王朝时期。

在埃及神话中，众多神祇之间有着错综复杂的关系，其本质是众神所代表的力量之间的相互关系——古埃及人习惯于将这种关系以血缘或亲缘来进行描述，其中比较常见的神话家族体系是由一位父亲、一位母亲和他们的孩子所构成的，他们一起受到当地人的崇拜，例如孟菲斯的普塔赫一家以及底比斯的阿蒙一家。

孟菲斯神系就是由创造之神普塔赫的家庭成员所构成的，分别是战争女神塞克美特和他们的儿子奈菲尔特姆。孟菲斯体系的神祇虽然数量较少，但在古埃及宗教中长期占据着重要的地位，因此成为了埃及神话重要的体系之一。

如今能看到的孟菲斯神系的创世理论基本上都来源于夏巴卡石碑，它记录了古埃及第二十五王朝的国王夏巴卡下令从腐烂的古代纸莎草文献转录至石碑上的神话文本。夏巴卡制作这块石碑本是为了安抚古埃及本地势力（他率领的努比亚军队在几年前击败并烧死了埃及本土第二十四王朝的末代国王，因此古埃及人拒绝为他效命），但是却成为了孟菲斯神学流传至今的重要文献。遗憾的是，这块被称为"夏巴卡石碑"的碑体被打孔改造成了当地人使用的磨盘，中间的碑文因此遭到磨损而消失。

夏巴卡石碑

普塔赫

普塔赫（Ptah）是埃及神话中的工匠之神，同时也是一切创造力的化身，是孟菲斯三联神之一，女神塞克美特的丈夫，奈菲尔特姆的父亲。

普塔赫的外观通常表现为一名除耳朵外头顶被帽子包裹、颈部戴有多层项饰、身体部分被绷带缠成木乃伊的男性形象。他露出的面部和双手皮肤呈现绿色，双手握着一根由杰德柱、安可符号和瓦斯符号组合而成的权杖（分别代表"稳固""生命"和"力量"，组合起来则代表"生命、稳定、繁荣"）。值得注意的是，从中王国时期开始，普塔赫的下巴处就一直带有标志性的直胡子——在古埃及艺术的表达形式中，一个拥有弯曲胡子的形象通常表示该角色已故或已经成神，而直胡子则表示该角色依然在世，这可能体现了他是永恒存在的。

在孟菲斯，普塔赫作为创造之神受到广泛的崇拜，人们认为普塔赫用他的"心脏"和"舌头"创造了世间万物。普塔赫通过"心脏"想象出事物的形象和功能（古埃及人认为心脏是思考器官），并通过"语言"说出事物的名称就能创造出对应的事物，这种通过语言来创造世界的神话，无疑影响了后世众多的宗教。

与不断和其他神融合并获得新神格的阿蒙神类似，普塔赫也经常与其他神融合，其中普塔赫和孟菲斯当地的土地之神塔特恩（Tatenen）之间的融合尤为重要，普塔赫许多重要的神格都来源于他。

塔特恩是一个头戴公羊角王冠的年轻男性神祇，他的王冠上有被两根羽毛包围着的太阳圆盘。他最初可能代表尼罗河洪水退去后露出的土地，后来与赫尔摩波利斯神系中第一块从海中浮出的原始丘相结合，被视为"上升的土地"或"伟大的土地"。身为土地之神的塔特恩也掌握着植物和地下的矿物，正因为如此，他特别受到冶金工人和铁匠的崇拜。同时他还代表着原始的创造力，在写给普塔赫的赞美诗中就可以看到他的存在"向你致敬，伟大而古老的塔特恩，众神之父，来自第一个原始时代的伟大神，创造了人类并创造了众神"，有人认为普塔赫后来被视为创造之神，其神格的来源就是塔特恩。

两者经过融合之后，普塔赫获得了塔特恩的形象和神格，也被视为铁匠的保护神、矿物的化身以及发明一切手工艺品的创造之神。普塔赫与塔特恩之间的融合是如此的彻底，以至于很多时候两者完全被混为一谈，塔特恩被称为"原始丘的普塔赫"，而普塔赫-塔特恩则被称为"众神之父"。

另外在古王国时期，普塔赫与孟菲斯当地的冥神塞克融合，成为了孟菲斯附近的萨卡拉大墓地和吉萨金字塔区的守护神。同时因为塞克与奥西里斯融合，他也与奥西里斯产生了联系，三者被合称为普塔赫-塞克-奥西里斯。因此他也有了头戴本应由奥西里斯佩戴的亚提夫王冠、全身被亚麻布包裹的木乃伊形象，这种形象所制成的小护身符被大量放置于墓地之中，用来保护死者安全通往冥界。

除此之外，普塔赫有时候还和从南部努比亚地区传入的贝斯神形象混合，表现为一名赤身裸体、头部膨胀、四肢弯曲的畸形侏儒，站在两条鳄鱼之上。这位具有驱逐病害能力的侏儒形象非常受欢迎，甚至超越了埃及本土的范畴，广泛流传于地中海东部地区，腓尼基、迦太基等地都发现了这个造型的普塔赫小雕像。另外，在阿赫那顿宗教改革早期，普塔赫还和太阳神拉融合，被视为拉的灵魂，但是很快，对这些神的崇拜都在宗教改革之中被禁止了。

　　目前已知最早的普塔赫形象出现在埃及塔尔汗地区出土的第一王朝时期的方解石石碗上，这说明普塔赫在早王国时期就受到了古埃及人的崇拜。到了古王国时期，普塔赫的大祭司被赋予了"工艺首领"的头衔，他们往往在古王国时期的众多大型工程项目中担任首席建筑师的角色，负责监督整个工程建造。这一时期普塔赫的崇拜中心可能位于孟菲斯附近的图拉采石场，从这里开采出来的石料被工匠们用来建造房屋、雕刻神像——从这时候开始，普塔赫就被视为工匠的守护神，赋予他们建造房屋的技术和相应的工具。

尽管普塔赫很少出现在古王国时期的金字塔铭文中，仅在一次提及"荷鲁斯的管家"威卡夫的时候提到了他的另一个身份——"普塔赫宫殿的长官"，这说明此时普塔赫的地位依然很高。

普塔赫在中王国时期就已经从孟菲斯传播到了底比斯，这时他的地位和当地的阿蒙神相当，新王国第十八王朝的图特摩斯三世就在这里发现了一座当时已经破败的普塔赫小神庙，他命人用砂岩重建了这座神庙，用来供奉普塔赫、哈索尔和普塔赫的配偶塞克美特女神，这座小神庙一直使用到了托勒密王朝。

到了新王国时期，对普塔赫的崇拜已经不再局限于孟菲斯地区，而是遍布埃及全境，并传播到境外。尤其是新王国的首都底比斯地区，由于这里有着众多王室主持的大型工程，因此聚集了大量把普塔赫当作守护神的工匠。在底比斯西部的戴尔麦地那工匠村遗址出土的石碑上可以看到，普塔赫坐在神龛之中，上面雕刻着众多人耳的图案，象征普塔赫能够听到人们在这个石碑前的祈祷——因此在底比斯地区，普塔赫的一个称号就是"能听见的耳朵"。

普塔赫也因此被称为"真理之主"，如果有人胆敢在他面前说谎或虚假祈祷，就会遭到严厉的惩罚，一个名为奈菲尔阿布的盲人就相信自己失明是因为在普塔赫的面前说了谎，导致被普塔赫惩罚"在白天看到黑暗"，为此他请人刻碑，祈求普塔赫能够恢复他的视力。

到了第十九王朝，下埃及贵族出身的拉美西斯王族更加推崇这位起源于孟菲斯的主神，这让埃及全境对普塔赫的崇拜达到了巅峰，普塔赫成为古埃及帝国的四大主神之一。在第十九王朝首都佩-拉美西斯，普塔赫被尊为掌管国王加冕仪式的大神；在第一瀑布区的阿布辛贝勒神庙中，普塔赫的神像紧挨着国王的雕像。许多国王的名字里都带有普塔赫之名，例如美伦普塔赫（"普塔赫所爱"）、西普塔赫（"普塔赫之子"）、普塔赫摩斯（"普塔赫所生"）等，甚至连古埃及的四支主力军团之一也以普塔赫的名字命名——这支部队由拉美西斯二世亲自创建，在拉美西斯二世远征卡叠石的战役中，突围而出的国王就是在普塔赫军团的掩护下才得以脱险的。

第三中间期之后，普塔赫依然被视为掌管国王加冕的神，很多国王的加冕仪式都会选择在他的神庙中举行，这个传统一直延续到了托勒密王朝。

普塔赫有时也被视为与葬礼有关的神，人们使用金属小刀或凿子撬开木乃伊的嘴，这种象征着让死者重新获得呼吸能力的启口仪式，正是模仿普塔赫创造众神时的行为。

亚历山大逝世于巴比伦后，托勒密王朝的开国君主托勒密一世夺得了他的遗体，并将其带至孟菲斯的普塔赫神庙中，由普塔赫的祭司亲自为他的遗体进行防腐，后来才将其转移到亚历山大里亚并下葬。

塞克美特

塞克美特（Sekhmet）是埃及神话中的战争女神，孟菲斯三联神之一，男神普塔赫的妻子，奈菲尔特姆的母亲。

塞克美特的外观通常表现为一名头顶日轮、面部为母狮造型、身穿红色亚麻长筒裙的女性形象，手中握着莎草权杖和象征生命的安可符号。在一些壁画或雕像中，她穿着较少的衣服或赤身裸体，胸前描绘着象征狮鬃毛的玫瑰状图案。和其他有野兽特征的神祇一样，塞克美特同样也有完全以母狮形象出现的造型。

塞克美特的名字来源于古埃及语"力量"（shm）一词，她的名字含义是"强有力者"。塞克美特崇拜的起源可能和赫利奥波利斯的太阳神拉有关，她被视为拉的女儿和他的眼睛——这只眼睛是拉的力量来源和他破坏性的具象表现，因此塞克美特被描述为太阳神之敌的毁灭者，传说她全身能够释放出高温的太阳烈焰，她的呼吸是炽热的沙漠风暴。正是因为有着如此恐怖的一面，塞克美特被古埃及人冠以各种令人感到畏惧的称呼，例如"恐怖女主人""杀戮女神""邪恶者在她面前颤抖"等。

对塞克美特的崇拜最早出现于古王国时期，在第四王朝国王斯尼夫鲁修建在代赫舒尔地区的神庙遗址出土的浮雕残片上，可以看到国王斯尼夫鲁和母狮形象的女神面对面站立，国王呼吸着从女神口中散发出来的生命力。这个浮雕展现了金字塔铭文中所提到的塞克美特带给国王生命的情形。

随着塞克美特进一步和古埃及其他母狮女神（例如巴斯特、穆特等）融合，对她的崇拜已经不再局限于孟菲斯地区，例如她和底比斯地区的阿蒙之妻穆特的融合，让她在底比斯地区得到了等同于穆特的崇高地位。在阿蒙霍特普三世时期，人们在卡纳克南方的穆特神庙之中雕刻了数百尊塞克美特女神的雕像，每一尊雕像都代表着拉神的一部分，具有着不同的象征意义，它们会在一年中的不同日子里受到崇拜和供奉。

尽管在早期的神话中，塞克美特更多的表现为国王守护者的角色，但是因为狮子本身所展现出的残酷习性，让她的形象也逐渐朝着恐怖和破坏性的一面发展——塞克美特被古埃及人称为"红衣"，埃及学家认为这里的红色不仅是代表下埃及的颜色，更是指她的衣服在战争中被敌人的鲜血所染红。国王们将塞克美特视为能够保佑自己战无不胜的女神，例如新王国时期拉美西斯二世在描述卡叠石战役时，就将自己形容为"神勇无比，如同发怒的塞克美特"，接着他独自驾驶战车击退了埋伏的敌人。

同时塞克美特也被视为瘟疫之神，古埃及人称瘟疫为"塞克美特的使者"，这或许和瘟疫往往爆发于大规模战争后相关——第十八王朝末期，古埃及军队在叙利亚地区大败于赫梯军队，被赫梯军队俘虏的古埃及士兵就给赫梯带去了一场恐怖的瘟疫，正是这场瘟疫让赫梯几乎一蹶不振，国王和绝大多数王子都染疫去世，赫梯的国力过了许多年才逐渐恢复。

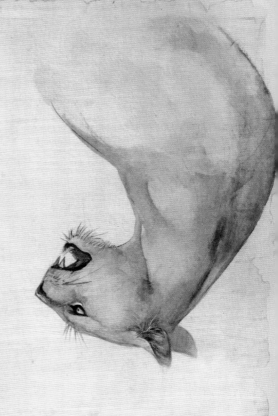

　　埃及神话中往往缺乏故事性内容，但是一个有关塞克美特"毁灭人类"的神话故事文本却广为流传。在底比斯众多坟墓的壁画中以及出土于开罗的预言文本中都记载了这个故事，甚至连图坦卡蒙的棺椁上也有描绘。

　　在这个神话故事中，太阳神拉因为年老体衰，怀疑人类打算推翻他的统治，于是在众神的要求下，拉派出了自己的眼睛女神——也就是塞克美特前往埃及。塞克美特降临埃及之后，立刻对所有试图背叛拉神的人展开屠杀，鲜血将沙漠都染成了红色。被杀的人越多，塞克美特的力量就变得越强，她的复仇欲望也因此更加强烈。正因为如此，塞克美特在将所有拉神的敌人屠杀殆尽之后并未停止，而是准备进一步消灭人类。拉神看到女神展现出的恐怖一面大惊失色，试图将她召回自己身边，但此时的塞克美特已经陷入疯狂之中，没有任何神能够阻止她。拉神不得不安排赫利奥波利斯的祭司们动身前往厄勒藩丁采集红色赭石，磨碎成粉末后混入大麦酿造的啤酒之中，这样的啤酒泛着血红的颜色，看起来和鲜血极为相似。祭司们总共制造出七千罐"鲜血啤酒"，并将它们倾倒在塞克美特的必经之路上。塞克美特见到这些红色液体，将其视为人类的鲜血而肆意畅饮，最终大醉不醒，拉神这才得以安抚暴怒的塞克美特，并将她带离埃及，让人类避免了灭顶之灾。

为此，古埃及人在每年年初都会举办一场纪念这个神话故事的节日庆典。在这一天，人们模仿女神畅饮血酒的样子，喝得酩酊大醉，舞女则在塞克美特女神的神像前跳舞、奏乐来安抚这位暴怒的女神。

尽管塞克美特大部分时候所展现的都是恐怖的一面，但是埃及神话中的众神无论有着怎样的身份，都具备保护信众的职能，塞克美特自然也不例外。尽管塞克美特掌管散播瘟疫，但在古埃及人心目中，她也同样有着保护人类免遭瘟疫传染的能力——在古王国时期，塞克美特的祭司可能是由一些有基础医学知识的人所组成的，在后来的《埃伯斯莎草文献》中，就记录了他们掌握着关于心脏活动的详细知识。除此之外，人们相信通过念诵和塞克美特有关的咒语能够预防瘟疫。

塞克美特的另一个称呼"生命之女"，就是在说她能给人带来健康的生命。塞克美特还有着一个"合欢树女神"的称号，在古代医学中，合欢树的许多部位都有药用的功效，这让它与塞克美特女神建立了联系。

另外，塞克美特在丧葬文化中也有着重要的地位，国王们生前被她保护，死后同样也在塞克美特的保护下前往来世——在防腐仪式的壁画上经常可以看到塞克美特的形象，她的头部出现在防腐台的两端，保护着死者的灵魂不受侵害。

奈菲尔特姆

奈菲尔特姆（Nefertem）是埃及神话中的香气之神，孟菲斯三联神之一，普塔赫与塞克美特之子。

奈菲尔特姆的外观通常表现为一名头顶莲花头饰年轻美丽的男性形象，手持瓦斯权杖和象征生命的安可符号。

奈菲尔特姆的名字意思是"接近完美者"，他原本象征着埃及常见的蓝色睡莲（如今的埃及博物馆门口水池中就有种植），随着太阳神诞生于原始海洋的莲花中的传说广泛流传，他也逐渐被视为诞生了太阳神的神或者"年轻的太阳神"。在金字塔铭文中，他被视为拉神鼻子前的莲花，带给拉神莲花的香气，同时也被视为太阳神清晨投下的第一缕阳光。由于他拥有众多美好的寓意，他的小雕像被许多古埃及人当作幸运护身符随身携带。

有时奈菲尔特姆会和另一位被认为是普塔赫与塞克美特之子的狮神马赫斯（Maahes）相混同。马赫斯是一名与战争、天气有关的男性神祇，他可能来源于努比亚地区崇拜的狮神阿佩德马克，在新王国时期被引入古埃及神系之中。他拥有强大的力量，被视为国王的守护神，在佩-巴特斯和塔瑞姆地区受到人们的崇拜。由于马赫斯与奈菲尔特姆混同，因此两者有时被融合成一名狮首人身的男性神祇，双手分别拿着象征马赫斯的刀和象征奈菲尔特姆的莲花。

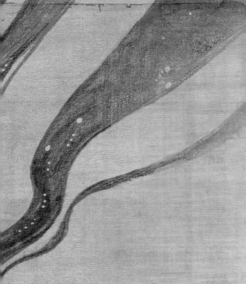

努特，
你以女王之姿起身，
你拥有众神和其分身，
拥有他们的肉身、仙者以及他们的一切。
——佩皮一世铭文

散落于群星

古埃及人相信最初的世界是从原始海洋之中升起的，大地之神盖布与天空女神努特共同构建了一个天与地之间周而复始的大循环，太阳白天穿过努特的身体，并在夜晚绕行于黑暗的地下世界，而璀璨的星辰就在此时点缀于努特的身体之上——古埃及众神与去世的国王化作那些遥不可及的群星，正如天狼星对应伊西斯女神，猎户座对应奥西里斯一般，众神居于天上，伴随着太阳每天穿过天空。

除了赫利奥波利斯神系、赫尔摩波利斯神系和孟菲斯神系外，埃及神话还有许多知名或不太知名的神祇。古埃及历史上被记载过的神多达数千位，其中仅国王谷图特摩斯三世墓中壁画上所展现的有名字的神就有两千多位，这些神有的地位崇高，有的则毫不起眼，但都在古埃及人的信仰之中留下了不可磨灭的印迹。

下面这些都是未曾被列入古埃及三大神系却依然相当重要的神祇，他们也是埃及神话体系中的重要组成部分。

荷鲁斯

荷鲁斯（Horus）是埃及神话中的神圣王权之神，同时也是天空之主和清晨太阳的化身，埃及神话中最重要的主神之一，奥西里斯与伊西斯之子，女神哈索尔的丈夫，艾姆谢特、哈碧、多姆泰夫、凯布山纳夫之父。

荷鲁斯的外观通常表现为一名头戴红白双冠的鹰首人身的男性形象，手持着象征力量和权力的瓦斯权杖与象征生命的安可符号。作为古埃及历史上最早出现的鹰神，他还有着完全以猎鹰形象出现的动物造型，这时他的双翅代表着天空，右眼和左眼则分别代表着太阳和月亮。

荷鲁斯的出现要早于古埃及绝大多数的神，在前王国时期，荷鲁斯的形象就已经出现在众多陶器和调色板上，例如著名的"战场调色板""猎狮调色板"和"那尔迈调色板"上都可以看到正在抓获敌人或站在旗帜上的鹰的形象，同时在那尔迈之前的部落首领艾瑞-赫尔（Iry-Hor）的名字中就已经有鹰形符号存在，这些都是鹰神荷鲁斯的象征。

从最开始，荷鲁斯就象征着国王和神圣王权。在古埃及，国王通常都会强调自己的王位得到了某位神的认可，成为神在人间的化身。早在古埃及还未统一的前王国时期，荷鲁斯就成为了代表上埃及的神，随着上埃及击败了下埃及并首次统一了埃及，代表上埃及国王的荷鲁斯就一跃成为古埃及最早的王权象征。几乎所有的国王都将荷鲁斯的形象符号放置于自己的王名圈上，视自己为荷鲁斯所认可的统治者，是"活的荷鲁斯"。

在古王国时期的金字塔铭文中，荷鲁斯亲自为死去的国王启口，这项仪式是为了让死者的身体在来世恢复活力。而在现实中，则是由新国王来给死去的前任国王进行启口仪式，体现了现任国王与前任国王之间的继承关系的合法性。

在早期的荷鲁斯与赛特的争斗故事中，两者原本是同辈分的兄弟。而随着奥西里斯地位的上升，斗争的双方变成了奥西里斯与赛特。这时荷鲁斯被视为奥西里斯的儿子，从赛特的兄弟变成了他的侄子。随着赛特杀死了奥西里斯，父辈们之间的仇恨也延续到荷鲁斯的身上，这才有了后来中王国时期成型的《荷鲁斯与赛特的争斗》的神话故事。

古埃及人显然也意识到了这个故事里荷鲁斯前后矛盾的身份，作为修正，古埃及人通常将最早和赛特争斗的荷鲁斯称为"老荷鲁斯"（Horus the elder），后来逐渐将其等同于太阳神拉，称其为拉-赫拉克提。因为老荷鲁斯身份的变化，荷鲁斯与拉之间也建立了关系，他也被古埃及人视为太阳神，而且通常代表着清晨初升的太阳——古王国时期的人将荷鲁斯称为"天空之主"或"东方之神"，其所指的就是日出之地。荷鲁斯

的另一个称呼是"赫拉克提"，意为"地平线的荷鲁斯"，而这也正是大金字塔前那座著名的狮身人面像的古埃及名称。

《荷鲁斯与赛特的争斗》故事有很多版本，在最常见的版本中赛特挖出了荷鲁斯的左眼，随后荷鲁斯被图特和哈索尔通过魔法治愈。因此荷鲁斯完好无损的右眼被视为象征完美的乌加特（Udjat）之眼，也就是著名的图腾符号——荷鲁斯之眼，它代表着"王权""力量"和"免于赛特带来的伤害"。在后王国时期，甚至有单独对荷鲁斯之眼的崇拜。

尽管荷鲁斯赢得了胜利，但他与赛特的和解也是这个神话的重要元素：一方面来说，赛特在埃及神话中有着重要的地位；另一方面赛特的追随者在现实中为数不少，是国王需要去安抚的一支重要势力。在早王国时期，卡塞海姆威为了让双方的祭司和解，主动将荷鲁斯与赛特两位神都放在自己的王名圈之上，构成了著名的荷鲁斯-赛特双王衔；而到了中王国第十二王朝的塞努塞尔特一世时期的王座浮雕上，可以看到荷鲁斯与赛特相对而立；在后王国时期的夏巴卡石碑上，也明确记载了荷鲁斯与赛特争斗最终的裁决结果——以孟菲斯为界，荷鲁斯与赛特分治上下埃及。

出于对伊西斯的崇拜，伊西斯对荷鲁斯的保护也被视为一种神圣的行为。在与伊西斯一起出现时，荷鲁斯通常以一名右侧留着被称为"青春锁"的发辫、其余头发全部剃光，并将手指含在嘴里的孩童形象登场，这是伊西斯在三角洲的沼泽地里秘密抚养长大的儿童荷鲁斯的形象——此时的荷鲁斯最大的敌人还不是赛特，而是那些随时都有可能夺走他幼小生命的毒蛇、蝎子和鳄鱼等，根据"梅特涅石碑"铭文上的记载我们可以得知荷鲁斯曾经一度被蝎子蜇伤，正是伊西斯的祈求得到了众神的回应，才让荷鲁斯免于死亡。

同样地，古埃及的孩童和成人都会受到这些生物的威胁，因此得到了伊西斯守护的荷鲁斯也成为了保佑人们远离这些危险的象征。在后王国时期出现了一种幼童荷鲁斯形象的护身符西皮（cippi），护身符上以幼童形象出现的荷鲁斯脚踩着两只鳄鱼，双手抓住蝎子、蛇、羚羊、狮子等具有攻击性的生物，庇佑人们远离这些威胁。后来的希腊人根据古埃及语"hr p khr"，将这个幼童造型的荷鲁斯称为圣子神哈珀克拉提斯（Harpokrates），在卢克索以北的纳格尔-马达姆德地区就有一座供奉哈珀克拉提斯的神庙。

哈索尔

哈索尔（Hathor）是埃及神话中的神圣母牛神，同时也象征着国王之母和天空之女，她是拉的女儿，男神荷鲁斯的妻子，艾姆谢特、哈碧、多姆泰夫、凯布山纳夫之母。

哈索尔的外观通常表现为一名头戴被蛇标环绕的牛角日轮王冠、身穿红色长套裙、手持瓦斯权杖和安可符号的女性形象。在一些壁画和雕像上，她有时也会以正在穿过纸莎草丛的母牛的形象出现。另外，在一些建筑物中，可以看到哈索尔头像装饰的柱子，此时的哈索尔是以人面牛耳的形象出现的。

在后王国时期，哈索尔被称为Ht-Hrt（荷鲁斯的房屋），从这里不难看出，她的身份和荷鲁斯紧密相关。然而在不同地方的神话中，两者之间的关系截然不同。例如有的神话中她是荷鲁斯的妻子，而有的神话中她又被视为荷鲁斯的母亲——这个身份让她经

常和伊西斯等同起来，在许多壁画之中，两位女神的形象相似到难以区分，需要通过壁画周围标注的姓名才能知道是哪位女神。

哈索尔的出现可能受到另一位更早的母牛神巴特（Bat）的影响，巴特最早出现于那尔迈调色板上方，她的特征是前后各有一张脸，因此无论在调色板的正面还是反面都能看到她的面容。随着哈索尔信仰在古王国时期逐渐兴起，原本对巴特的崇拜逐渐融入了对哈索尔的崇拜当中。

从古王国时期开始，哈索尔就已经成为了国王的守护者，第四王朝的哈夫拉国王在吉萨地区修建的山谷神庙就声称受到哈索尔的保护，而在他的继承人孟卡拉的山谷神庙出土的孟卡拉三人雕像上，也可以看到国王站在中间，右手被哈索尔握住，象征着她对国王的保护。第六王朝的佩皮一世则更进一步，称呼自己为"哈索尔之子"。到了新王国时期，哈特谢普苏特女王在自己的山谷神庙旁边修建了一座供奉哈索尔的小神庙，着重体现了女神和自己的关系。这座神庙的壁画中，两头母牛女神出现在她的身边，一头舔舐着哈特谢普苏特的手，另一头则为女王哺乳。小神庙中还可以看到一尊母牛造型的哈索尔雕像，这头母牛从密集的纸莎草丛后面探出头来，而被她守护的国王就站在她的身下。

哈索尔除了保护国王之外，还有着保佑人们身体健康和精神愉悦的能力。在荷鲁斯与赛特的争斗神话中，荷鲁斯被赛特挖去了左眼，正是哈索尔和图特帮助他治愈了眼睛。在丹德拉哈索尔神庙中有专门供病患躺下休息的区域，那里的祭司会用咒语和从圣湖中提来的纯净水帮助他们治愈病痛。

另外，哈索尔还是古埃及著名的性爱女神——古埃及人相信性爱能够带来感官上的愉悦，增强生命的活力。而舞蹈和音乐则是辅助这种愉悦的重要手段，正因为如此，哈索尔也被视为与音乐和舞蹈相关的女神——在荷鲁斯与赛特争斗的神话中，拉神因为两者旷日持久的争斗而异常愤怒，于是哈索尔在他的面前跳舞，从而安抚了他的情绪。为了效仿哈索尔的举动，她的女祭司们也通常携带着被称为"叉铃"和"梅纳特项链"的仪式性乐器（梅纳特项链的外观是长串的珠链，但并非用来佩戴而是拿在手中摇晃发出声响），在庆典上演奏音乐，让舞女们载歌载舞，从而取悦众神。

古埃及的绝大多数神都在冥界中有着自己独特的职能，哈索尔也不例外。从中王国时期开始，哈索尔就已经从单纯的国王守护神变成了所有亡灵的守护神，她的形象开始出现在坟墓壁画和莎草文献上。她会守护所有进入冥界的亡灵，保护他们的身体不被破坏，为他们通过冥界提供各种帮助，古埃及人心目中的冥界位于太阳落下的西方，因此她获得了"西方女主人"的称号。

在新王国时期，哈索尔的头衔之一是"红衣女主人"，因此许多哈索尔的女祭司也会穿着红色的衣服。人们认为哈索尔的红色外衣具有保护亡灵的作用，得到红衣的亡灵可以安全地渡过冥界。

哈索尔的影响力一度传播到埃及境外，古王国时期的人就把南方的努比亚称为哈索尔州，将国王的使者从那里掠夺回来的财物（例如香料、矿石和木材）视为女神送给国王的礼物。同时，在西亚地区，她被视为等同于西闪米特人崇拜的阿斯塔特（也就是著名的伊斯塔尔女神），从而获得了"毕布罗斯夫人"的称号。而在西奈半岛地区，她被认为和当地的绿松石矿有关，中王国时期古埃及人在当地为哈索尔建造了一座神庙，用来崇拜这位在当地被称为"绿松石女主人"的女神。

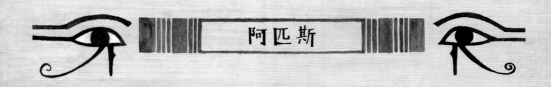

阿匹斯

阿匹斯（Apis）是埃及神话中的神圣公牛，它象征着国王的力量和生命力。阿匹斯最早起源于早王国时期的孟菲斯，被视为普塔赫的现世化身和代言者，它可能是母牛神巴特或者哈索尔的儿子。

阿匹斯是埃及神话中极其少见的没有人或半人形象、完全以兽类形态出现的神祇之一，它通常表现为一头强壮的尖角公牛，全身黑色或深棕色。由于被视为母牛神哈索尔的儿子，因此它的牛角之间同样有太阳圆盘的标志，有时背上还生有秃鹫女神的双翼。

作为普塔赫与人类之间的"媒介"，阿匹斯圣牛的化身要经过精挑细选，祭司们主要选择毛色黑亮、额头上有白色斑点的公牛，如果背部有白色的翼形花纹、尾巴上的毛分为两股（象征上下埃及）则更符合神话中阿匹斯圣牛的特征，被选出的阿匹斯圣牛将会送往神殿供养。

古埃及人对牛的崇拜非常普遍，阿匹斯也并非古埃及人唯一崇拜的神化公牛，比较著名的神圣公牛还有赫利奥波利斯地区的曼维斯（Mnevis）和赫尔曼提斯地区的布奇斯（Buchis），两者分别是亚图姆和孟图在人间的化身。但毫无疑问，阿匹斯是其中产生最早也是最知名的。早在涅加达一期文化时期就已经有公牛形象的石质调色板，而到了前王国时期，雕刻得更加精致的公牛调色板和那尔迈调色板上也都有象征国王力量和生

命力的公牛出现，这些公牛无一例外，都表现出低着头用牛角进攻的形象，在那尔迈调色板上更是有公牛撞击敌人城墙的画面。

古埃及人之所以用公牛来作为国王的象征，一方面是因为公牛有强大的力量和极强的繁殖能力；另一方面则是因为古埃及人认为哈索尔女神的形象就是母牛，身为哈索尔之子的国王自然也要以公牛作为自己的象征——这一点可以从那尔迈的称号"他母亲（哈索尔）的强壮公牛"上看出。

将阿匹斯视为代表普塔赫化身的神圣公牛的信仰最早可能起源于第二王朝的国王拉内布时期（马涅托的王名表将拉内布称为卡考，由于他的王名解读顺序前后有争议，也有埃及学家认为他的名字是内布拉）。人们认为可以通过阿匹斯而与孟菲斯当地的主神普塔赫沟通，它的一举一动被视为普塔赫的神谕和预言，能保护周围人平安并治愈疾病，人们用盛装来装扮它，让它在节日的庆典游行中巡游。

代表阿匹斯的圣牛死后，它会被古埃及人制成木乃伊以站立姿势下葬，然后再选出一头新的阿匹斯圣牛。目前发现的新王国时期的阿匹斯墓地主要集中于萨卡拉地区（这附近总共埋藏了八头死去的阿匹斯圣牛），其中最早的一座是由阿蒙霍特普三世的儿子图特摩斯王子修建的，后来拉美西斯二世又在附近的塞拉佩姆地区（Serapeum of Saqqara）修建了一座被一直沿用到托勒密王朝末期的阿匹斯大型墓地。目前已出土的阿匹斯圣牛多达六十多具。

在新王国时期，国王会在庆祝登基的节日里举行"胜利公牛游行"，国王会与一头被选为阿匹斯圣牛的壮硕公牛一同奔跑，以展现国王拥有健壮的体魄，希望能通过该仪式赋予国王更强的生命力——在卡纳克一处被拆毁的神庙的残存浮雕上，甚至能看到戴着王冠的哈特谢普苏特女王也举行了同样的仪式。

在冥界，由于阿匹斯和奥西里斯同样代表着死去的国王，因此两者被结合起来，获得了至高无上的地位。阿匹斯经常被描绘在死者的棺材上，保护死者不会在通往奥西里斯审判大殿的路途中遭受野兽的袭击，同时能使死者免受冥界恶劣环境的影响。而在一些《死者之书》中，能够看到阿匹斯如同在现世中协助人类农耕一样，在冥界协助死者种植谷物，为死者的来世生活提供食物。

正是由于阿匹斯和奥西里斯之间的紧密联系，托勒密王朝的希腊人将二者结合起来，创造了一名希腊化的新神塞拉皮斯（Serapis），他被视为奥西里斯的完全体，而不仅仅是他的死后灵魂，也是伊西斯的丈夫和荷鲁斯的父亲，成为那一时期埃及和地中海地区重要的大神。

另外有趣的是，对阿匹斯的信仰在15世纪末的意大利得到了一次复兴——教皇亚历山大六世罗德里戈·波奇亚在1493年声称波奇亚家族家徽里那头公牛就是来自古埃及的阿匹斯圣牛，将自己的家族与古老的埃及神话联系了起来。

巴斯特

　　巴斯特（Bastet）是埃及神话中的猫女神，是太阳神的保卫者和家庭守护神，太阳神拉的女儿。

　　巴斯特在早期常被描述为狮子形象的女神，但是随着同为狮形女神的塞克美特逐渐强化了她的母狮形象之后，巴斯特则更加倾向于展现接近家猫的一面。因此她的外观通常表现为一名穿着白色长套裙的猫首女性形象，手中拿着叉铃和安可符号。

　　古埃及人作为地中海地区最早的猫科动物驯养者，他们成功地将一些猫科动物驯养成了保护仓库、房屋的家猫。古埃及的猫神信仰最早出现在古王国时期的下埃及地区，哈夫拉国王在吉萨修建的山谷神庙中就同时供奉着上埃及的哈索尔和下埃及的巴斯特，不过，当时的巴斯特是以狮子女神的形象出现的。金字塔铭文中将巴斯特称为国王的保护女神，是"国王之母"，能够用咒语保护国王的灵魂升上天空与众神同在。

　　在埃及神话中，猫和蛇的对抗是一个固定的神话主题，在第十九王朝的壁画《杀死阿佩普的猫》上，就可以看到一只猫正用一把红色的刀杀死一条毒蛇，当然，埃及学家们通常认为这幅壁画上的猫并非巴斯特而是拉神的猫形化身。但作为拉神的女儿，巴斯特在许多神话文献中都有为了保护太阳神而与藏在冥界中的巨蛇阿佩普战斗的描述，正因为如此，太阳才能躲过阿佩普的吞噬每天照常升起。

巴斯特有时也被视为与战争有关的女神，第十八王朝的阿蒙霍特普二世就将出征西亚地区的自己描述为"他的脸像巴斯特女神一样恐怖""如同面目狰狞的狮子，重创外国"。尽管后来巴斯特作为战争女神的神格更多的被另一位狮形女神穆特所取代，但是巴斯特依然经常出现在与战争有关的表述中。

到了后王国时期，逐渐失去了母狮形态的巴斯特更加普遍地以家猫的形象出现，这时她具有了对抗蛇、鼠、蝎子等有害动物来保护家庭安全的能力，这显然和家猫的行为有关。另外，古埃及人发现鼠类会带来鼠疫等致命的疾病，因此巴斯特也拥有了保护人类免受传染病和邪恶侵袭的作用，同时这位生育能力极强的猫女神还有保护孕妇的职能。

巴斯特的主要崇拜地是下埃及三角洲东北部的布巴斯提斯（Bubastis），它的古埃及名是佩-巴斯特（Per-Bastet，"巴斯特之家"），这里有专门祭祀巴斯特的神庙以及巴斯特的专属大祭司。考古学家发掘巴斯特神庙时，在这一地区出土了多达三十万具的猫木乃伊，这些都是数千年中无数饲养猫的家庭供奉的。不仅在布巴斯提斯，在中埃及的贝尼哈桑地区，也发现了埋葬数量多达数十万具猫木乃伊的大型墓地。

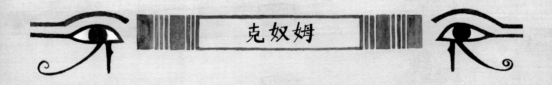

克奴姆

克奴姆（Khnum）是埃及神话中的公羊神，在厄勒藩丁地区的神话中被认为是创世神和造物主，厄勒藩丁三联神之一，象神沙提（Satis）的丈夫，尼罗河女神安努凯(Anuke)的父亲。

克奴姆的外观通常表现为公羊首人身的男性形象，头上生有一对弯曲羊角。

第一瀑布区的厄勒藩丁是克奴姆的主要崇拜区域，当地出土了大量象征他的公羊木乃伊。克奴姆被认为与当地的阶梯瀑布有关，他控制着每年尼罗河的洪水涨退——这种规律性的泛滥周期对古埃及的种植农业是至关重要的，因此他在当地被视为极其重要的神，受到人们的崇拜。

托勒密五世时期，在第一瀑布区的塞希尔岛（Sehel）留下的一块石刻铭文上记录着一则来自古王国时期的神话传说。传说在第三王朝的左赛尔国王执政时，尼罗河突然不再泛滥，水位大幅下降，导致沿河谷地的土壤肥力严重下降，可供饮用与浇灌作物的水源严重不足，连续七年发生大规模饥荒。为此左赛尔专程前往第一瀑布区祭祀掌控洪水泛滥的克奴姆，祈求他恢复尼罗河的规律性泛滥。克奴姆对他的祭祀非常满意，满足了左赛尔的祈求，令古埃及不再陷入饥荒。现在已经无法确认在左赛尔执政时期是否真的有这样大规模的饥荒，但这样大规模的水位涨落变化，显然是早期对某一次全球气候异常的记忆。

随着古埃及人对南方努比亚地区的不断开发，第一瀑布区的厄勒藩丁成为了埃及往返努比亚的必经之路，当地主神

克奴姆的地位也随之提高，逐渐成为了一名在上埃及地区都有显著影响力的大神。他先是被视为当地的瀑布之主，随后又被和太阳神拉等同起来称为克奴姆-拉，被视为太阳神的灵魂。在新王国时期的阿蒙霍特普二世墓中，就有公羊造型的太阳神在西阿（神圣知觉）和胡（权威话语）这两位代表"创世要素"的神的伴随下立于太阳船上的壁画。

随着克奴姆与尼罗河的关系不断强化，有时他也被视为尼罗河中鳄鱼的主人，在莱托波利斯（古埃及名称为塔-塞内特）地区的神庙当中，他和鳄鱼神索贝克之母奈特联系起来（当然两者并非配偶，在当地，克奴姆的配偶是一位名为门海特的母狮神），一同受到当地人的崇拜。

克奴姆掌握着作为古埃及命脉的尼罗河，这让他逐渐上升为一名地方性神话中至高无上的创世神。在厄勒藩丁，他被认为使用制陶工人的转盘和黏土制造了世间万物。古埃及人认为他能将自己的呼吸注入黏土捏成的物体当中，从而令它们获得生命。在一则中王国时期的寓言故事里，正是克奴姆将生命注入刚出生的三兄弟身体中，从而令他们成为了古埃及第五王朝的前三位国王。

另外，身为工匠创世神的克奴姆可能是受到同为工匠创世神的普塔赫的影响，也被认为发明了古埃及人所使用的语言——他通过说出事物的名字，就能够创造出相应的事物。

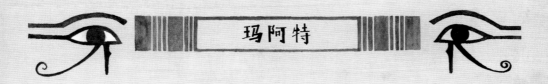

玛阿特

玛阿特（Maat）是埃及神话中的真理女神，同时也象征着宇宙的秩序，是宇宙最高规则的化身。在一些地方神话中，她被认为是智慧之神图特的妻子。

玛阿特的外观通常表现为一名头戴鸵鸟羽毛头饰、身穿长套裙的女性形象，手持通常由女性神祇持有的莎草权杖和安可符号。有时玛阿特端坐于王座之上，以体现她象征的"权威"和"秩序"。在很多时候，她头上戴着的鸵鸟羽毛就可以代表她本身，例如

在冥界审判的量心仪式上，她头上象征真理的羽毛和死者的心脏被放在天平两端，以两者之间的平衡状态来观察死者生前的善恶。

玛阿特在古埃及人的宇宙观里最初可能只是一个形而上的抽象概念，而非一位具体的神话角色。这个形而上的概念代表的是宇宙至高无上的秩序和规则，世界的诞生、众神的出现、万物的生长都受其制约。在古王国时期的金字塔铭文中，可以看到奥西里斯被称为"玛阿特之主"，这彰显着他作为亡灵的审判者所具有的正义和代表真理的特质。

此时与玛阿特相对的是代表无序和混乱的伊斯菲特（Isfet）。在古埃及人的心目中，玛阿特和伊斯菲特之间的斗争贯穿了众多神话乃至整个古埃及历史，人们将冥界的怪物、外国的侵略者、毁灭性的自然灾害都视为伊斯菲特的一部分，从而团结起来与之对抗。

随着玛阿特所代表的象征越来越具体，她也被古埃及人赋予了代表正义和真理的女神形象。女神形象的玛阿特可以追溯到古王国时期，她的形象偶尔会站在太阳神拉的身后，被视为和拉神同等重要的存在。到了新王国时期，她则被视为拉神的女儿，同时成为了现世和冥界的正义与公平的化身。

人们认为玛阿特代表着王权的权威性，而国王的统治则是为了维护玛阿特所象征的规则和秩序，因此可以发现许多古埃及国王被冠以"玛阿特所宠爱"的称呼，例如阿蒙霍特普二世就在铭文中声称阿蒙神亲自将玛阿特放在他的胸前。即使在著名的宗教改革者阿赫那顿执政时期，这位试图废除阿顿神之外所有神灵信仰的国王也反复在纪念碑文中强调自己对玛阿特的崇拜，声称"（自己）生活在玛阿特身边"。

尽管埃及学家对古埃及究竟是否存在真正意义上的"法庭"和"法律"有所争议，但在许多由地方官员主持的案件审判当中，依然可以看到玛阿特的存在。目前藏于大英博物馆中的一枚玛阿特形象的金质项链据说就是由负责审判案件的官员佩戴的，代表着司法的公正与权威。

孔苏

孔苏（Khonsu）是埃及神话中的月神，底比斯三联神之一，被认为是阿蒙和穆特的儿子。

孔苏的外观通常表现为一名头顶月轮的鹰首男性形象，这个造型与同为鹰神的荷鲁斯极为相似，只不过荷鲁斯头戴的是日轮而非月轮。除此之外，孔苏还有着人首的幼童木乃伊和成年男性木乃伊的形象，分别象征新月与满月。

孔苏的名字来源于古埃及语hns（跨越），这可能象征着月球每晚在夜空中的运行轨迹。在古王国时期的神话中，孔苏往往被表现为一名残酷嗜血的神祇，被称为"众神的屠杀者"，他会帮助去世的国王杀死其他神并吃掉他们来增强自己的力量。中王国时期的棺木铭文上也强调他靠着"吞吃心脏生存"（lives on hearts）。不过这种表述孔苏残忍的一面的记述到了新王国时期就完全消失了——因为他被吸收进底比斯的三联神之中，在卡纳克神庙受到古埃及人的崇拜。从这时候开始，神话故事中的孔苏就变得仁慈起来。

在新王国时期，孔苏的地位不断上升，除了被视为月神之外，孔苏还被视为治愈之神，负责驱逐使人受到病痛折磨并致人死亡的邪灵——在一块铭刻于公元前4世纪末的本特雷斯（Bentresh）石碑上讲述了一则名为"巴哈顿（Bekheten）王子"的神话故事：

故事发生在拉美西斯二世在位时期，国王迎娶了叙利亚地区酋长"巴哈顿的王子"的女儿作为自己的王后。王后的妹妹本特雷斯公主生了重病，巴哈顿的王子请求拉美西斯二世派一位神来拯救他的女儿。拉美西斯二世为此专程去神庙向孔苏祈求，孔苏的神像立刻活了过来，并动身前往叙利亚，很快就治愈了本特雷斯公主的病。巴哈顿的王子起了贪念，想把这尊能够治愈疾病的神像留在叙利亚，不断想方设法地拖延时间以留下它，时间过了将近四年，这尊神像还滞留在叙利亚地区。某天孔苏的神像出现在这位王子的梦中，并化身为一只金鹰飞向了埃及方向，巴哈顿的王子从梦中惊醒，意识到这是孔苏的神意，不得不派人护送孔苏的神像返回埃及。

到了托勒密王朝时期，国王们依然崇拜孔苏，托勒密四世就曾因为得到了孔苏的治疗，而自称为"驱散邪恶的孔

苏所挚爱者"。孔苏除了能治愈病痛外,他也能提升人类和动植物的繁衍能力。

孔苏还被视为掌管人类命运的神,这可能是从他的月神身份中衍生出来的职能。在一些古埃及时期的占卜文献中,与孔苏同为月神的图特被视为与占卜、解梦有关的重要神祇,孔苏的这个职能或许就来自图特——另外和图特一样,狒狒有时候也会被视为是代表孔苏的神圣生物。

在卡纳克神庙和卢克索神庙里,都有专门供奉孔苏的神庙建筑,另外,在底比斯的新年庆典上,装载着他的神像的圣船会和载有他父母的神像的圣船一同参与游行。

奈赫贝特&瓦德杰特

奈赫贝特(Nekhbet)和瓦德杰特(Wadjet)作为秃鹫女神和眼镜蛇女神分别代表着上下埃及,她们同为国王的守护女神。

奈赫贝特的外观通常表现为一只头戴上埃及白色王冠、爪子抓握着象征永恒的申环(shen)、展开双翼的秃鹫。有时候她也会以全身白色的母牛形象出现,被视为"国王之母",这是她与母牛神(哈索尔或巴特)结合的特征。

瓦德杰特的外观通常表现为一条头戴下埃及红色王冠、用身体环绕着太阳圆盘的眼镜蛇。有时也表现为长着一个或两个蛇头的女性形象。这种环绕太阳圆盘的眼镜蛇被视为太阳神的守护者,保护太阳神免遭冥界巨蛇阿佩普的袭击。

古埃及人对两位女神的崇拜早在前王国时期就已经出现,其中奈赫贝特的主要崇拜中心是上埃及的希拉康波利斯地区,瓦德杰特的主要崇拜中心则是下埃及三角洲的布托。对两者的崇拜从一开始就与上下埃及的王权有关,在上埃及,奈赫贝特被视为"国王之母",她的展翅形象出现在与国王相关的壁画或浮雕上,象征着她对国王的守护;而在下埃及,瓦德杰特同样被视为国王的守护者,她会用致命的火焰去攻击国王的敌人,在图特摩斯三世和拉美西斯二世的远征记录中,都描述了她无情地消灭敌人的事迹。

随着上下埃及的统一，古埃及人将两位女神并列在一起，尊称为"两女神"（Two Ladies）。古埃及王室对她们的尊崇无以复加，例如国王所拥有的五个王名中就有"两女神名"（Nebty），它象征着国王统治上下埃及的合法性；同时，两位女神的形象也经常伴随着国王一同出现在壁画、浮雕和雕像上，象征着她们守护国王，并赐予他新的生命力。

尽管奈赫贝特与瓦德杰特都具有鲜明的特征，但有趣的是，在古埃及时期的艺术中，两者之间甚至连形象都可以互换——身为秃鹫女神的奈赫贝特有时会以瓦德杰特的眼镜蛇形象出现在太阳圆盘周围，而身为眼镜蛇女神的瓦德杰特也同样有着展翅的秃鹫形象。

代表奈赫贝特的秃鹫标与代表瓦德杰特的蛇标都被视为王权的象征，经常并列出现在国王的王冠上。这类装饰物中最著名的要数第十八王朝国王图坦卡蒙的黄金面具上的秃鹫标和蛇标。在后王国时期，由于古埃及国王长期仅实控下埃及地区，因此常将原本代表上埃及的秃鹫标去掉，只留下代表下埃及的蛇标，或用双蛇标来代替。

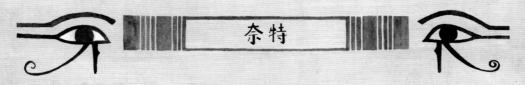

奈特

奈特（Neit）是埃及神话中的狩猎和战争女神，也是舍易斯和莱托波利斯地区崇拜的主神，一些地方神话中认为她是鳄鱼神索贝克之母，后期神话中也将她视为巨蛇阿佩普的母亲。

奈特的外观通常表现为头戴盾牌与交叉箭矢组合而成的头饰、身穿长套裙的女性形象。她的头饰标志后来成了舍易斯城的代表符号，其中盾牌象征着她作为战争女神对战死者尸体的保护，而交叉的箭矢则代表战争——弓箭是古埃及人在战场上最善长使用的武器之一，而奈特的称号之一就是"弓箭的主人"。除了这个代表性的头饰外，有时奈特也头戴象征下埃及的红色王冠，这可能是因为她的崇拜起源地舍易斯位于下埃及三角洲。

人们对奈特的崇拜起源于早王国时期，在古埃及第一王朝的墓穴中出土过一个雕刻着代表她的盾牌与交叉箭矢符号的金护身符，而她本身的形象则最早发现于第五王朝时期的国王乌瑟卡夫的太阳神庙之中。在古王国时期，奈特就因为被视为原始海洋化身，进而被当作鳄鱼神索贝克的母亲，被称为"鳄鱼的保姆"。而她这一身份随后又被衍生为"众神之母"，甚至一度被视为拉神的母亲，古埃及人因此又赋予她"生下拉神的神圣母牛"的称号。

随着古王国的终结，奈特也不复之前的地位。但即便如此，奈特仍然在古埃及的众神之中占有一席之地。在《荷鲁斯与赛特的争斗》的神话文本中，她也作为参与王位仲裁的众神之一登场，并坚决要求将王位判给荷鲁斯——奈特甚至因为众神迟迟没有按照她的意见做出判决而愤怒，声称如果不将王位判给荷鲁斯，整个天空就会坠毁到地面上来——她的支持显然为最终将王位判给荷鲁斯带来了积极的影响，因此奈特在后来也被视为保护国王的女神之一。

奈特头上的代表符号有时也被认为是纺织亚麻布的工具，因此她被赋予了纺织女神的身份。由于亚麻布在古埃及多用于包裹木乃伊，她也因此被视为死者的保护神之一，负责为死者编织绷带。

尽管奈特在绝大部分的神话中都表现得正义且善良，但到了后王国时期，她却被赋予了一个比较邪恶的身份——她被视为是那条盘踞在地下世界、每天都试图吞噬太阳的巨蛇阿佩普的母亲，而这条蛇正是从奈特吐进尼罗河的口水中诞生出来的。

索贝克

索贝克（Sobek）是埃及神话中的鳄鱼之神和力量之神，被视为尼罗河的化身，同时也是保佑人们远离尼罗河灾害的守护神。在一些地方神话中他被认为是女神奈特的儿子。

索贝克的外观通常表现为一名头戴羊角日轮双羽冠的鳄鱼首人身男性形象，手中拿着瓦斯权杖和象征生命的安可符号，另外，他还有着头戴同样头冠的鳄鱼造型，这一特征凸显出了索贝克崇拜的来源——尼罗鳄。

对于生活在尼罗河边的古埃及人来说，鳄鱼这种藏于水中的凶猛动物无疑是极为危险的，因此古埃及人将其神化并加以崇拜，希望能够得到他的保佑，使人们免遭鳄鱼的袭击。

索贝克崇拜的最初起源地已无法考证，但无疑是尼罗河流域的某个地区，后来他的主要崇拜地位于法尤姆绿洲，那里遍布湖泊和泥沼，有不少尼罗鳄在那里繁衍生息。在古王国时期的金字塔PT317号铭文中，上面的咒语声称国王是鳄鱼神在人间的化身——这时的鳄鱼神还不是索贝克，而是另一位名为拉格尔（Rager）的鳄鱼神，他和后来的索贝克同样被认为是奈特的儿子，显然，古埃及人对两位鳄鱼神的崇拜最终合二为一。

到了中王国时期，第十二王朝国王阿蒙尼姆赫特三世大力开发法尤姆绿洲，作为这一地区的主神，索贝克的地位开始大幅提升。阿蒙尼姆赫特三世对索贝克推崇有加，例如他

位于哈瓦拉的金字塔旁边的葬祭殿中就有巨大的索贝克雕像。从这一时期开始，索贝克的形象在尼罗河流域广泛传播，并与太阳神荷鲁斯建立了联系，这个时期的他被称为索贝克-荷鲁斯或索贝克-拉，这种与太阳神融合的索贝克有着奇特的鹰首鳄身的幻想生物形象，成为象征着国王力量的神。

到了新王国时期，对索贝克的崇拜几乎传播到埃及全境，第十八王朝的阿蒙霍特普三世在苏美努（Sumenu）地区为索贝克修建了一座神庙，神庙中就有后来收藏于卢浮宫博物馆中的那尊著名的索贝克与阿蒙霍特普三世并列而坐的神像，索贝克也因此拥有了"苏美努之主"的称号。

后王国和托勒密王朝是索贝克崇拜达到巅峰的时期，这个时候的索贝克-拉成为古埃及重要的主神之一。托勒密二世在法尤姆绿洲地区为他修建了著名的鳄鱼城（Crocodilopolis），这里不仅是阿西诺特州的首府，也是索贝克崇拜的中心。古埃及人在这一地区修建了大量的索贝克神殿，许多索贝克的专属祭司生活在这里，他们被称为"鳄鱼神的预言家"，负责饲养被当作索贝克化身的鳄鱼。

这些被当作索贝克化身的鳄鱼死后也会被祭司制作成木乃伊，通常在鳄鱼木乃伊上还要放一个鳄鱼幼崽的木乃伊，象征着索贝克会像照顾鳄鱼幼崽一样照顾他的崇拜者。不仅是鳄鱼，就连鳄鱼蛋也会被制成特殊的蛋木乃伊，象征着太阳神每天从蛋中复活。但可惜的是，这种蛋木乃伊的结构决定了它很难保存下来，留存至今的几枚珍贵的蛋木乃伊中并没有鳄鱼蛋。

到了托勒密王朝，除了鳄鱼城之外，古埃及人在上埃及的康翁波也修建了一座供奉索贝克与荷鲁斯的双神庙，被称为"索贝克之家"（Per-Sobek）。这里供奉的索贝克形象更多地凸显出索贝克-拉的形态——头戴太阳圆环装饰的王冠、手持代表王权的权杖和代表生命的安可符号。尽管鳄鱼本身是一种残酷的冷血动物，但是索贝克在埃及神话中，却被视为遭到杀害的奥西里斯的拯救者，以及弱小者和儿童的保护神。

索贝克崇拜的相关神话文本也在托勒密王朝得到了进一步完善，这个时期的古埃及祭司们撰写了名为《法尤姆之书》的宗教文献，里面讲述了索贝克-拉创造世界，并每天跨越天空的神话。这显然是为了提升索贝克在埃及神话中的地位，以及加强索贝克与法尤姆绿洲地区之间关联而创作出来的。

凯布利

凯布利（Khepri）是埃及神
话中的太阳神，象征着太阳在天
空中运行和重生，在早期被认为
是清晨时的太阳化身。

他的外观通常表现为一名头
部为完整圣甲虫的男性形象，这
种以完整的动物来作为神的头部
的情况是罕见的。到后来，凯布
利直接以圣甲虫形象出现的情况
越来越多。

古埃及人对凯布利的崇拜出现得很早，可能是观察到圣甲虫在推动粪球时往往被巨
大的球体遮挡，看起来像是粪球在地面上自行滚动一样，古埃及人认为太阳在天空中东
升西落的运动也是由一只圣甲虫推动的，这个推动太阳的圣甲虫就是凯布利。

在古王国时期的金字塔铭文中，凯布利就已经和太阳神亚图姆等同起来，被称为
"亚图姆-凯布利"，这是因为古埃及人发现圣甲虫会从关闭的墓室中爬出，没有注意到
它们产卵的古埃及人误认为圣甲虫和太阳一样都是"自我创造之物"，因此人们认为凯
布利出现在赫利奥波利斯的原始丘上创造了世间万物。另外在许多壁画中，都描绘了圣
甲虫推着太阳在夜间穿过地下世界，并在第二天清晨将太阳重新推出地平线的画面，因
此在早期埃及神话中，凯布利代表清晨的太阳，拉代表正午的太阳，亚图姆则代表下午
和傍晚的太阳。

进入中王国时期，随着荷鲁斯信仰的发展，荷鲁斯逐渐取代了凯布利清晨太阳神的
地位。当然古埃及人并没有完全抹消凯布利和太阳之间的关系，人们佩戴的各种圣甲虫
饰品就象征了佩戴者与太阳神建立了联系。圣甲虫饰品的样式多种多样，有戒指、项
链、手镯、胸饰等，甚至连死者随葬的心脏护身符都被雕刻成凯布利圣甲虫的形象，希
望他能够像保护太阳一样保护死者的心脏通过冥界量心仪式。这其中最著名的凯布利圣

甲虫饰品要数图坦卡蒙墓中出土的胸饰，上面用玉髓雕刻出圣甲虫的形状，和化身为鹰的太阳神放在一起。

除饰品外，圣甲虫形象还经常出现在印章上，这些圣甲虫印章通常会刻上持有者的名字、头衔，或者用来保护持有者的神祇或国王的名字，有些持有者还会在圣甲虫上刻上值得纪念的大事件——例如阿蒙霍特普三世就留下了许多这样的圣甲虫印章，如庆祝叙利亚的公主成为他的妃子，或狩猎到了一些凶猛的狮子等。除了古埃及人外，这种圣甲虫形状的印章也很受第二中间期的喜克索斯人的喜爱，他们被古埃及人驱赶出埃及之后，仍将许多圣甲虫印章带回了两河流域，因此在那里也出土过大量圣甲虫印章。

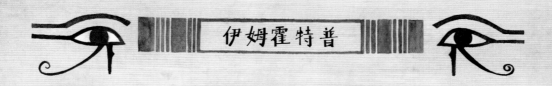

伊姆霍特普

伊姆霍特普（Imhotep）是埃及神话中的医疗之神和建筑之神，被视为普塔赫的儿子。

伊姆霍特普的外观通常表现为一名头戴古埃及式帽子、未留胡须并端坐在椅子上的年轻祭司形象，他的手中常拿着展开的莎草卷，象征着他拥有图特的全部智慧。

与那些起源于自然现象和哲学概念的众神不同，伊姆霍特普是一位由同名历史人物经过神化之后而产生的神。历史上的伊姆霍特普是古埃及第三王朝左赛尔国王的宰相，协助左赛尔治理国家，同时他也是左赛尔阶梯金字塔的设计师。他活着的时候做出了许多不朽的业绩，死后依旧声名显赫，因此在后来古埃及民间故事中，他被描述为一位睿智且仁慈的人，一些现已失传的古埃及教谕文献都被视为由他创作。随着民间故事的不断演绎，他最终被后来的古埃及人神化，并受到人们的崇拜——例如底比斯、戴尔巴赫里、戴尔麦地那和菲莱岛都有供奉他的神庙。

伊姆霍特普被认为是古埃及主神普塔赫之子，后来他又被赋予了与图特相媲美的智慧，并因为他建造了最早的金字塔而被视为建筑和工匠的保护神。古埃及人相信是他发明了古埃及医学里众多的药方和医疗手段，以及一些用来治疗的魔法咒语和驱邪仪式，因此他也被视为医疗之神。在康翁波神庙的一面墙壁上，铭刻着一幅托勒密王朝时期的浮雕，上面描绘的可能是各种用于手术的医疗器械的形象，而这面墙正是为了纪念被神化的伊姆霍特普的。

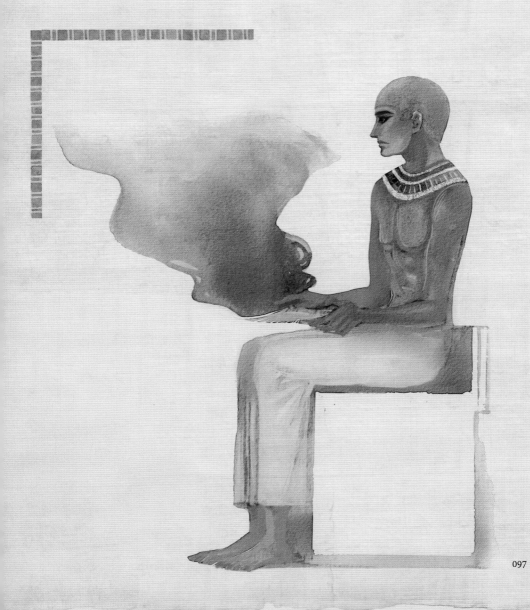

天与地之外是黑暗的虚无

古埃及人相信宇宙建立在一个持久稳定的秩序"玛阿特"之上，万事万物都在周期性地不断循环——例如太阳每天升落、尼罗河周期性泛滥、每年的季节交替等。

受这些自然循环的启发，古埃及人认为宇宙中的时间并非线性前进，而是在不断地循环往复。人们相信众神和他们的事迹是真实存在的，只要人类不断模仿众神的事迹，那些神话就会再度变成现实，这就是为什么古埃及人非常热衷于各种宗教仪式。

不仅是自然现象和时间，在古埃及人的宗教观念中，生和死同样也是这种宇宙大循环中的一环。古埃及人生活在现实世界中，因此他们认为存在着一个与之相对的供死者生活的世界，也就是后来的埃及神话中常常出现的冥界"杜亚特"（Duat）。在那里，亡灵们受死去的国王奥西里斯的管辖，并接受奥西里斯的审判，那些被认为是善良的亡灵可以获得进入"极乐世界"——芦苇地（Aaru）永生的资格，与众神一起永远生活在那里。

因此，尽管埃及神话是世界上最早出现冥界的古典神话之一，但埃及神话中的冥界并非像其他神话中那样完全是恐怖而阴森的，而是寄托了人们对死后世界的种种美好想象。

当然，现实世界是残酷的，太阳会被遮蔽而日蚀，尼罗河会干涸断流，自然灾害层出不穷——这让古埃及人意识到世界的周期规律并非是一成不变的，尽管存在着某种至高无上的秩序，但依然存在着打破这种秩序的"混乱"。古埃及人将这种"无秩序"的混乱称为"伊斯菲特"（Isfet），它和玛阿特一样，都是一种形而上的概念。

伊斯菲特不仅意味着人类死亡后的灵魂仍会消亡，古埃及人甚至意识到就连整个宇宙都会在不断循环中直至终结。许多古埃及宗教文献都指出，宇宙的终结是不可阻挡的，即使世界经过无数次循环，也注定有结束的那一天。

伊斯菲特

　　伊斯菲特（Isfet）是埃及神话中代表"混乱""无序""不公"和"邪恶"的状态，它是一种和秩序"玛阿特"相对应的哲学概念。

　　与后来被具象化为女神形象的玛阿特不同，伊斯菲特作为埃及神话中各种不良状态的统称，并没有被古埃及人描述过具体的形象——古埃及人相信代表某种事物的图案或名称具有和它本体相同的力量，担心对这些不良状态的具象描述可能会导致其变成现实。

　　古埃及人一直都是朴素二元论的拥趸，他们相信万物都互相对应，太阳对月亮，白天对夜晚，天空对大地。同样地，有代表秩序的玛阿特，就有代表无序的伊斯菲特。

　　伊斯菲特意味着整个世界都会回归到最原始的状态，重新变得无序且混乱，紧随而来的就是干旱、饥荒、瘟疫和死亡，这些都是古埃及人不希望遭遇的灾难。

　　古埃及人崇拜玛阿特，因此他们认为要通过摧毁伊斯菲特来维护她。古埃及的国王们就将这一思想贯穿于自己的统治之中，把自己塑造成玛阿特的维护者以及伊斯菲特的摧毁者的形象，让自己对人民的统治天然合法。基于这样的理由，

站在芦苇丛中的巴
通过冥界审判后，灵魂会以"巴"的形式
飞翔于天地间

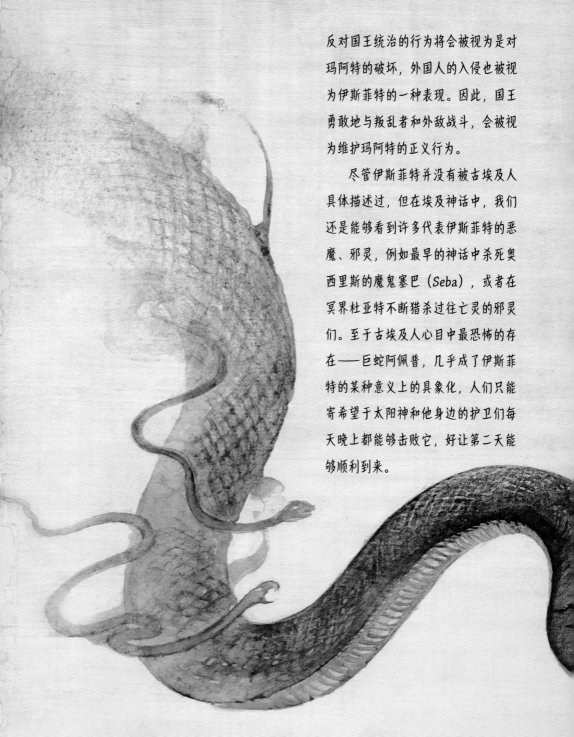

反对国王统治的行为将会被视为是对玛阿特的破坏，外国人的入侵也被视为伊斯菲特的一种表现。因此，国王勇敢地与叛乱者和外敌战斗，会被视为维护玛阿特的正义行为。

尽管伊斯菲特并没有被古埃及人具体描述过，但在埃及神话中，我们还是能够看到许多代表伊斯菲特的恶魔、邪灵，例如最早的神话中杀死奥西里斯的魔鬼塞巴（Seba），或者在冥界杜亚特不断猎杀过往亡灵的邪灵们。至于古埃及人心目中最恐怖的存在——巨蛇阿佩普，几乎成了伊斯菲特的某种意义上的具象化，人们只能寄希望于太阳神和他身边的护卫们每天晚上都能够击败它，好让第二天能够顺利到来。

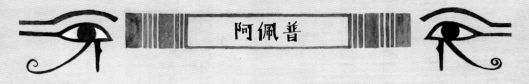

阿佩普

阿佩普（Apep）是埃及神话中的恶魔，被认为是太阳神的死敌。一些地方神话认为它是太阳神的同胞兄弟（一说是太阳神出生时的脐带所变），在希腊人和罗马人诠释的埃及神话中则认为它是女神伊西斯或奈特用魔法创造出来的。

它的外观通常被表现为一条藏身于地下世界黑暗之中的巨大蛇类，身体长达120腕尺（约63米），像一些表现众神或国王战胜阿佩普的壁画中所表现的那样，它极长的身躯通常盘在一起，或者自我交叉成若干"∞"的形状。在所有表现阿佩普形象的壁画中，它通常会出现在太阳神乘坐的船只下方，或单独出现在太阳神或古埃及国王的面前，做出攻击的姿势。

阿佩普这种令古埃及人极度恐惧的形象最早出现在古王国末期，人们将它视为代表"混乱""无序"的伊斯菲特的邪恶力量，天生与代表着"秩序"和"规则"的太阳神为敌。几乎相关的埃及神话中都描述了它躲藏在黑暗里并伺机攻击在夜间横穿地下世界的太阳神，当太阳神在夜晚乘船进入地下世界时，它会用自己的目光和恐怖的咆哮令船上的所有随从昏迷，并趁机攻击太阳神，但所有描述这一场景的神话中都以太阳神和他身边的护卫神将巨蛇阿佩普击败并杀死而告终。这些护卫神在不同的壁画中也不尽相

同，如荷鲁斯、赛特、巴斯特都曾经出现在太阳神的船上，他们用咒语困住这条巨蛇，并用手中的猎叉或长矛刺死它，保证太阳神可以安全渡过地下世界，第二天照常在天空中运行。

阿佩普不仅攻击太阳神和他乘坐的船只，连经过杜亚特冥界前往奥西里斯审判大厅的亡灵们也会遭到它的袭击，被它吞噬的亡灵将会彻底消失，这是寄希望于在芦苇地永生的古埃及人最恐惧的事情。因此在许多《死者之书》上都记载了大量帮助亡灵对抗阿佩普的咒语，请众神像帮助太阳神渡过冥界一样来帮助亡灵渡过同样的旅程，甚至有一些咒语是让亡灵自身变成某位能够战胜阿佩普的神，获得与太阳神一同乘船的机会，成为太阳船的领航员，并在太阳神和其他神的帮助下安全渡过冥界。

出于对这个有可能袭击并杀死太阳神、让世界重归混乱的恶魔的恐惧，古埃及人经常在各种神话中描述众神用各种残酷的手段杀死阿佩普，例如众神将它制服并捆绑起来，割开它的脖子，或者将它切碎、用火烧死等，希望能够永远地消除它给太阳神带来的致命威胁。

但无论众神用什么方法杀死阿佩普，也都只能暂时阻止它对太阳神的攻击。古埃及人相信阿佩普每天晚上都被杀死，但仍会在第二天夜晚来临时再次复活并继续攻击太阳神。

有意思的是，古埃及人会把这个恶魔的名字赋予那些和古埃及敌对的外族的首领，例如曾经占领了下埃及并不断侵略上埃及的喜克索斯人的一位首领就被称为阿佩普。

一些哲学家认为古埃及的阿佩普影响了后来柏拉图所提出的衔尾蛇形象，这种衔尾蛇和阿佩普一样，除了以自己的恐怖叫声为食物之外，不需要其他任何形式的能量补充。

阿努比斯

阿努比斯（Anubis）是埃及神话中的丧葬之神，同时也掌管着一切与丧葬相关的行为，例如防腐、制作木乃伊、丧葬仪式等。他被认为是赫利奥波利斯九神团中赛特与奈芙蒂斯的儿子，豺狼女神安普特的丈夫，防腐液女神凯贝洁特之父。

他的外观通常表现为黑色豺狼首人身的男性形象。埃及学家们认为他的黑色面部象征着死者被泡碱和盐粒浸泡导致皮肤脱水后出现的颜色，或是在木乃伊表面涂抹用来防腐的树脂混合物干枯之后的颜色。另外也有人认为他的头部动物原型是鬣狗或沙漠猎犬——毫无疑问，这几种动物都是典型的食腐动物。阿努比斯也常以趴伏姿势、竖起双耳、黑色皮毛的犬形动物形象出现，这可能是由于古埃及人发现这些食腐动物会挖掘出被浅葬的尸体并拖走，因此将他们视为接引亡灵的使者。

和大多数只有半人半兽造型的古埃及众神不同，阿努比斯的形象有时会出现特例——拉美西斯二世时期在阿拜多斯地区为阿努比斯修建的小神庙中，他被表现为一个彻底的人类男性形象。

古埃及人对阿努比斯的崇拜最早可以追溯到史前的涅加达二期文化，这一时期出土的众多调色板文物中就包含大量犬类形象，例如著名的"双犬调色板""四犬调色板""狩猎调色板"等，但这些还不能确定就是阿努比斯信仰的起源。到了古王国时期，阿努比斯的名字和形象开始出现在一系列的金字塔铭文当中，去世的国王会变成拥有阿努比斯的面孔与亚图姆的身体的形象，而阿努比斯会出现在他们的头后保护他们。这个时候的阿努比斯不仅和王权产生了联系，也和死亡紧密结合起来——古埃及人相信去世国王的灵魂会像犬形的阿努比斯一样"趴在自己肚子上"来通过狭长的金字塔内部通道，到达金字塔的顶端，并在被称为"召唤心脏者"的阿努比斯的帮助下摆脱大地的束缚，上升到天空加入众神的行列。

另外，从古王国时期开始，阿努比斯就被视为与尸体防腐有关的重要神祇，从金字塔铭文中可以看到，死去的国王会用带有阿努比斯名字的咒语来防止自己的尸体腐烂。阿努比斯也被认为能够保护去世的王室成员的内脏——在斯尼夫鲁的王后海泰菲丽丝一世的随葬陶罐中就发现了她的内脏残存物，这种摘除容易腐败的内脏以防止尸体腐坏的行为显然影响到了后世木乃伊的制作规范。

在相关神话中，正是阿努比斯清理了奥西里斯的身体并保证了它的不朽，这让他成为了最初的木乃伊制作者和保护神——古埃及人相信奥西里斯的尸体就是被他制成木乃伊的，他带来有香味的油膏涂抹在奥西里斯的身体上，并用亚麻绷带包裹住奥西里斯的身体令其免于腐烂或被毁。虽然后来的木乃伊制作工艺远比这段神话中描述的更复杂，但涂抹油膏和使用绷带包裹木乃伊无疑是制作木乃伊最重要的两个步骤。

图坦卡蒙墓中的阿努比斯
2018 年摄于埃及开罗博物馆

到了新王国时期，古埃及的丧葬祭司仍然头戴着阿努比斯的犬形面具、穿着豹皮的服饰、腰后挂着象征豺狼尾巴的尾饰，扮成阿努比斯的形象对死者的身体进行防腐处理并制成木乃伊，随后为死者进行启口仪式，以便于他们能够在冥界呼吸、进食。古埃及人将处理尸体进行防腐的帐棚称为"净化之家"，这也正是神话中阿努比斯和图特为奥西里斯修建的防腐间的名称。

除了将阿努比斯视为死者身体的保护神外，古埃及人还认为阿努比斯能够保护死者的坟墓、祭祀场所，所以他又成为了墓地的守护神。由于太阳神每天落入西方地平线之下，而死者的坟墓大多集中于尼罗河西岸，阿努比斯也因此获得了"西方首要者"的称呼。一些有关阿努比斯的壁画中，他往往被表现为站在高处俯视死者的墓地，象征着他对死者灵魂的引领和守护。

早期的古埃及人将阿努比斯视为掌管冥界的冥神，但这一信仰很快就被在埃及全境更受欢迎的奥西里斯信仰所取代，而阿努比斯则更多地参与到了冥界的各种仪式当中去。例如，在常见的《死者之书》插图中，他就被描绘成站在奥西里斯神殿中的天平前监督量心仪式的形象。人们相信阿努比斯是正义的仲裁者，因此称他为"称量心脏者"，一旦死者通过了量心仪式，阿努比斯就会引领死者觐见王座上的奥西里斯，以便他们获准前往芦苇地获得永生。

另外，阿努比斯也被视为亡灵在冥界的保护神。通往奥西里斯神殿的冥界道路崎岖复杂，充满着各种各样的危险，赛特和他的部下、游荡的恶魔、凶恶猛兽等都会伤害到死者的灵魂，因此许多墓葬里都随葬有阿努比斯的雕像来保护死者的灵魂。

在金字塔铭文中，阿努比斯被称为"弓的豺狼之主"，这个称号后来一直延用到新王国时期国王谷的封印图案中，该封印图案为一只俯卧的犬形阿努比斯以及九个弓箭——这里的九弓图案代指死者在通往奥西里斯神殿路上遇到的各种怪物，整个图案的含义是阿努比斯战胜了死者在冥界中的敌人，让死者得以安全通过。

和许多重要的古埃及神祇一样，对阿努比斯的崇拜不仅仅局限于埃及本土，而是遍布整个东地中海沿岸地区，托勒密王朝的希腊人将阿努比斯与希腊神赫尔墨斯等同起来，创造出一个融合两位神特征的赫曼努比斯（Hermanubis）。而罗马人则将阿努比斯描述为一个统治天空和大地的宇宙神，他们认为光就是由他提供的。

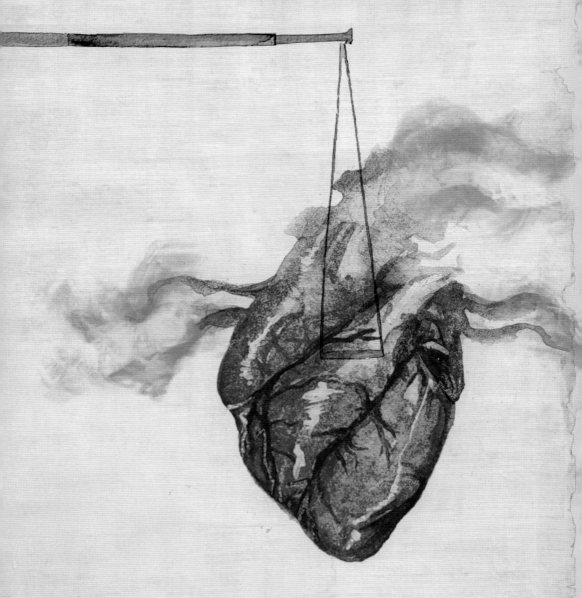

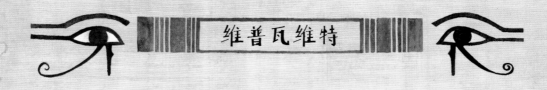

维普瓦维特

　　维普瓦维特（Wepwawet）是埃及神话中的豺狼神，负责为死者（主要是国王）的灵魂开辟道路。

　　他的外观通常表现为白色或灰色的豺狼首人身的男性形象，由于和另一位豺狼首形象的阿努比斯高度相似，导致两者经常被误认。因此，想要辨认他的身份，需要通过观察头部颜色，或者周围标识他姓名的圣书体文字来区分。

　　维普瓦维特的崇拜起源于上埃及地区，在早王国时期的那尔迈调色板上就已出现，在该调色板正面的那尔迈巡视战场的画面中，仪仗队的第三名旗手举起的旗杆上的站立犬形神祇正是维普瓦维特。

　　尽管在那尔迈调色板上作为获胜的上埃及部落的象征出现，但在古王国时期的金字塔铭文中，却又将维普瓦维特视为下埃及的神，铭文中提到维普瓦维特诞生于下埃及的布托——也就是下埃及女神瓦德杰特的圣城佩-瓦德杰特（Per-Udjet）。

　　维普瓦维特从一开始就与王权密切相关，他被认为是国王的"开路先锋"，既保佑国王在生前能征服敌人（例如古埃及第三王朝的浮雕上，维普瓦维特清剿了国王塞姆赫特（Semerkhet）通往西奈半岛绿松石矿道路上的敌人），也保护国王在死后灵魂能够升往天空与众神同在。

　　在奥西里斯的游行庆典上，往往由一群扮演成维普瓦维特模样的队伍行走在奥西里斯的圣船前，象征着他为这位冥界主神开辟道路，使其免遭冥界恶魔的攻击——这种原本对死者的保护逐渐延伸到了现实世界，拉美西斯二世时期的一名献祭者留下的石碑铭文中提到，这名献祭者相信正是因为维普瓦维特的保护，才令其得以从鳄鱼的袭击中生还。

贝努鸟

贝努（Bennu）是埃及神话中一种神鸟，被视为太阳神的化身。

它的外观通常表现为一只头顶日轮符号或头戴阿提夫王冠的苍鹭。古埃及壁画中将这种鸟类的形象描绘得非常生动，连它头后由两支长羽毛组成的羽冠都被鲜明地反映出来。偶尔也有壁画将贝努描绘成长着苍鹭首的男性形象。贝努鸟往往被描绘为站立在"奔奔石"之上，这是神话中最早从原始海洋中浮出的大地，而太阳神和贝努鸟正是在这里创造出了自己。

贝努鸟最早出现于赫利奥波利斯，古王国时期的金字塔铭文就将它描绘成当地太阳神亚图姆的一种化身，被称为"太阳神的活体显现"。和亚图姆一样，它也被称为"自我生成者"，象征着宇宙强大的自我创造力。它的形象经常被雕刻在随葬的圣甲虫形心脏护身符上，用来保佑死者的心脏能够顺利通过冥界的量心仪式，获得在芦苇地永生的资格。

塞尔凯特（Serket）是埃及神话中的蝎子女神，同时也是祛除毒液的守护女神。

她的外观通常表现为一名头顶蝎子头饰的女性形象，身穿长套裙，手持瓦斯权杖和安可符号。有时她也会以上半身为人形、下半身为带有毒刺的蝎子的形象出现。

塞尔凯特的名字来源于古埃及语"Serket hetyt"，意为"她令喉咙呼吸"或"令喉咙收紧"，这通常被认为和毒蝎蜇咬释放的神经性毒素导致的咽喉肌肉痉挛有关。因此古埃及人崇拜这位女神，祈求她能够保佑人们免遭蛇蝎等动物的蜇咬。

古埃及人很早就将蝎子视为神灵，至少有两名早期部落首领的名字中带有蝎子符号而被称为"蝎王"。在第一王朝时期，塞尔凯特的形象正式出现在萨卡拉地区出土的梅里卡石碑（Stela of Merika）上。

进入古王国时期，她被视为保护国王的守护神，在国王的宝座四周起保护作用。同时，她还被视为"美丽之屋的女神"，也就是制作木乃伊的帐棚的守护神，这可能和她的毒液会导致人体僵硬如尸体有关。到了中王国之后，在丧葬文本《双路之书》中提及她把守着一道冥界的关卡，同时也在太阳神进入冥界的时候负责抓捕捆绑巨蛇阿佩普。有趣的是，在一些地方神话中提到塞尔凯特的母亲是狩猎与战争女神奈特，而同为奈特所创造的阿佩普正是她的兄弟。

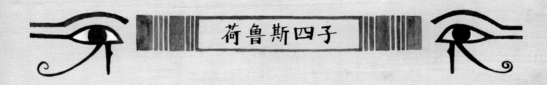

荷鲁斯四子

荷鲁斯四子分别是艾姆谢特（Imset）、哈碧（Hapi）、多姆泰夫（Duamutef）和凯布山纳夫（Qebshenuf），他们是埃及神话中的内脏守护神。一般认为他们的母亲是哈索尔女神。

荷鲁斯四子分别守护着死者的四种内脏器官，以他们的形象制造的卡诺皮克罐放置在他们所对应的方向上，分别受到四位古埃及女神的守护。

　　艾姆谢特：人首木乃伊身，死者肝脏的保护者。他的卡诺皮克罐放在朝南的方向上，由伊西斯女神守护。

　　哈碧：狒狒首木乃伊身，死者肺的保护者。他的卡诺皮克罐放在朝北的方向上，由奈芙蒂斯女神守护。

　　多姆泰夫：豺狼首木乃伊身，死者胃的保护者。他的卡诺皮克罐放在朝东的方向上，由奈特女神守护。

　　凯布山纳夫：鹰首木乃伊身，死者肠的保护者。他的卡诺皮克罐放在朝西的方向上，由塞勒凯特女神守护。

　　荷鲁斯四子的形象在古王国时期的金字塔铭文中就已经出现，不过早期的他们并非是内脏的守护神，而被描述为荷鲁斯的孩子以及他的灵魂，他们负责清洗死去国王的面部并为他进行启口仪式，之后会用绳子帮助死去的国王升入天空加入众神之列，因此被称为"国王之友"。

　　到了中王国时期的石棺铭文中，荷鲁斯四子负责在坟墓中清理死者的尸体、供奉死者的灵魂，并为死者的石棺提供驱除邪恶的魔法保护。

早在古王国时期，人们在处理死者的尸体时会先摘除死者的内脏再进行防腐处理，之后将内脏单独置于罐子中放在死者身边，此时储存内脏的罐子只是普通的石罐。到了中王国时期，这些罐子开始被制作成死者面容的样子——例如图坦卡蒙和霍伦海布的卡诺皮克罐就是他们自己的面容造型。直到新王国时期的第十九王朝，装有死者内脏的罐子才被做成荷鲁斯四子的模样，他们才正式成为死者内脏的守护神。

古埃及人会将装有死者内脏的罐子放置在石质或木质的箱子里，箱子上绘制出众多古埃及女神的形象，让她们来守护这些罐子。卡诺皮克罐被做成荷鲁斯四子的造型后，这些女神也被视为他们的守护者。

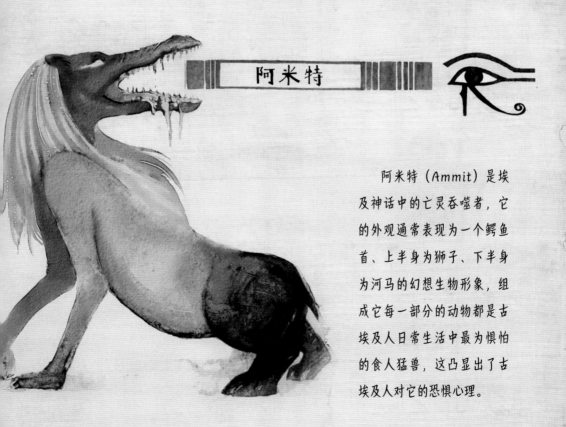

阿米特

阿米特（Ammit）是埃及神话中的亡灵吞噬者，它的外观通常表现为一个鳄鱼首、上半身为狮子、下半身为河马的幻想生物形象，组成它每一部分的动物都是古埃及人日常生活中最为惧怕的食人猛兽，这凸显出了古埃及人对它的恐惧心理。

阿米特的形象仅仅出现在各个版本的《死者之书》之中，在量心仪式上，它出现在审判天平下面，如果死者的心脏因为生前作恶太多而导致天平失衡，阿米特就会在天平下面吞噬掉下来的死者心脏，令死者的亡灵彻底湮灭。

也有一种说法是阿米特并非出现在审判天平下，而是藏身于杜亚特冥界的火湖旁（位于杜亚特第五小时的行程区域）。被认为有罪者的心脏会被扔进火湖中焚化，而阿米特就代表着火湖的破坏性。

尽管阿米特是古埃及人幻想出来的生物，但无疑为古埃及人生前行善积德、避免作恶起到了一个很好的规范作用——尽管这种规范是建立在恐吓的基础上的。

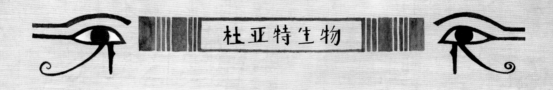

杜亚特生物

在古埃及的冥界杜亚特中，生活着众多形态各异的幻想生物，就连古埃及人都很少在神话文本中记录它们，但是正因为它们的存在，才让古埃及的冥界杜亚特变得生动有趣。

冥界之虫阿普沙（Apshai），一种冥界昆虫，会吞噬进入冥界的死者携带的食物，令他们陷入饥饿，它的原型正是在东非大裂谷附近产生的沙漠蝗虫。

鲶鱼神那瑞由（Nariu），一种生活在冥界中的长着鲶鱼头的人形生物，头上有着鲜明的鲶鱼触须，在《洞穴书》中被简单地描述过，也出现在国王谷的K9号墓壁画中。

打击者梅杰德（Medjed），死者之书中被简单提及过的一位神祇，它出现在奥西里斯的审判大厅中，通常被认为是无形的（在画作中，它的身体被描绘成虚线），因此亡灵们无法用眼观察到它。它能够从眼中释放强烈的光芒（一说是炽热的火焰），来消灭那些奥西里斯的敌人们，因此被称为打击者（Smiter）。

"卡魂赐予者"内赫布考（Nehebkau），它最初被认为是一条吞噬死者灵魂的邪恶巨蛇。但随着时代变化，它逐渐被视为太阳神拉的守护者和继承者，是一位向死者提供无私帮助的善神，同时它也是冥界的守门者以及审判死者的四十二名判官之一。人们认为它会在冥界向通过审判的死者提供食物和象征生命力的"卡"魂，来保护死者的灵魂永存。

在古埃及神话的冥界中，一些在固定区域游荡的恶魔被统称为舍玛由（shemayu），而在冥界到处游荡的恶魔则被称为斯瓦由（swau）。

那瑞由（Nariu）

舍玛由（shemayu）

梅杰德（Medjed）

内赫布考（Nehebkau）

民俗篇

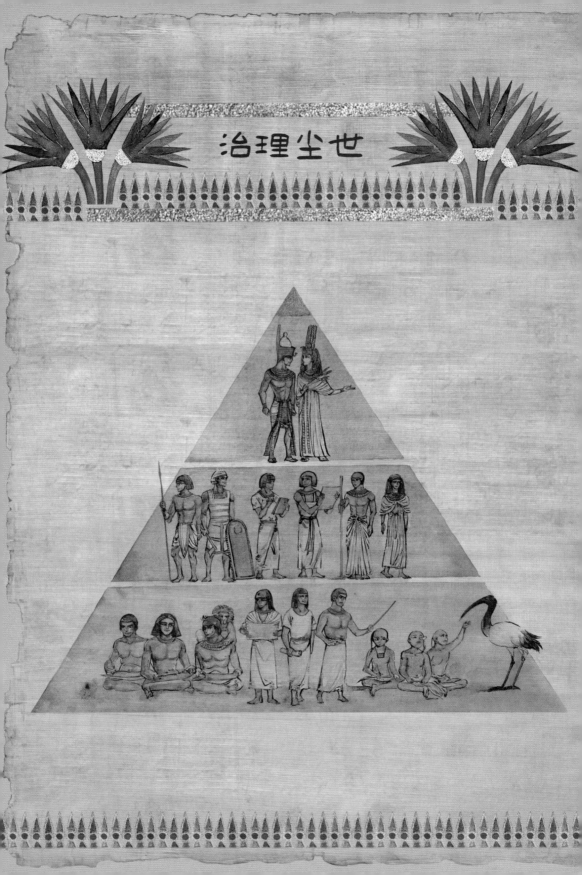

尼罗河流域最早的国家雏形出现于涅加达时期，这一时期的部落联盟已经初步具备了绝大多数后来的国家职能——规划生产、开发土地、兴修水利、主持祭祀、军事征战等。与此同时，财产私有制和社会阶层的出现，也加快了从原始部落社会向早期奴隶制社会的演变。

　　古埃及早期国家的统治者是部落联盟的首领。前王国时期，上埃及尼罗河谷地和下埃及三角洲各自形成了较大的部落联盟，在数百年的时间里出现了众多的首领，其中就包括著名的蝎子王和那尔迈。最终上埃及联盟战胜了下埃及联盟，完成了古埃及的统一，那尔迈成为了最高统治者，所有的王名表和现代埃及学者都将他视为古埃及的第一位国王。

　　从那尔迈调色板上，我们可以看到国王在许多人的拥护下出现在各种场合，这些人正是古埃及最早的政府机构成员，经过一代代的传承和演变，最终形成了古埃及复杂的行政体系。

国王和王后

　　和所有早期文明的君主一样，古埃及国王在一开始就被半神化，被赋予了等同于太阳神荷鲁斯的身份，是他在人间的化身和代言人。等到国王去世，他就被视为荷鲁斯之父、冥王奥西里斯，而他的继承人则顺理成章地被视为荷鲁斯的化身，成为新的古埃及国王。

　　在古埃及的神话观念里，宇宙的稳定是由玛阿特——也就是秩序的化身来维持的，如果玛阿特维持的稳定被代表混乱、无序的伊斯菲特打破，那么宇宙就会毁灭。因此古埃及的国王会将自己塑造为玛阿特的守护者，顺理成章地统治人民。

有奥西里斯形象的莎草文书，开罗埃及博物馆，摄于 2018 年

玛阿特女神

作为玛阿特的守护者，国王首先要扮演一名能够代表人类与众神沟通的角色，这就是为什么绝大多数的大型宗教仪式都必须由国王亲自主持。他通过主持祭祀众神的仪式，"取悦"众神并"获得"神谕。国王牢牢地掌握着神谕的解释权，他人就无法质疑国王所传达的神谕——国王本身就被视为活着的荷鲁斯神，他所说的一切都被认为是玛阿特所代表的宇宙秩序的一部分。

在早期，国王会亲自到每一个他要祈求神谕的神殿里去主持仪式，但是随着埃及各地的神越来越多，政务繁忙的国王无暇亲自为每一位神举行祭祀仪式，祭司这种职业就随之诞生了。祭司们每天领受供品和国王的赏赐，代替国王举行日常祭祀活动。当然，在举行大型的宗教仪式时，国王还是会亲自主持的，他们认为神会在仪式上将"生命的气息"分享给国王，让他健康、长寿。

当然，国王想要顺利地统治国家，不能仅仅依靠宗教信仰。在早期部落联盟时期，部落首领作为规划者和分配者，要率领部落成员在尼罗河上兴修水利设施、修建堤坝、挖掘灌溉水渠。一些历史学家将古埃及王权产生的原因解释为在建设大规模水利工程时出现的共同领导者，无论这一说法是否有道理，但古埃及国王确实对兴修水利有着极高的热情——他们通过疏浚河道创造了法尤姆绿洲；开发运河连通了地中海与红海，绕过了险峻的阶梯瀑布；同时还将尼罗河淤积的滩涂开发成了肥沃的田地，使埃及成为当时地中海东部最大的粮食产地。

除了水利设施外，古埃及国王还要统筹安排各种国家大型工程建设，例如宫殿、墓葬、金字塔、神庙等。这些工程的规模庞大，需要投入大量的人力、物力和财力，这必须聚集整个国家的力量，因此进一步确立了国王在民众心目中的神圣地位和不可撼动的权威性。

蝎王标头上，监督灌溉工程的国王

国王同时也是国家军事力量的最高统帅。古埃及的职业军队出现得很晚，但在前王国时期，部落联盟的首领就已经拥有了相当数量的招募士兵。进入王国时代，国王除了临时招募的士兵外，还逐渐拥有了常备的职业化军队和警察部队。古埃及军队无数次对努比亚、利比亚和叙利亚的军事征服，就是在国王的统帅下完成的。

和全世界大多数热衷于标榜自己文治武功的君主一样，古埃及国王喜欢将自己塑造成一位得到众神庇佑的战神，例如图特摩斯三世在围攻麦吉多城时，就自称"身披闪亮的铠甲，像强壮的荷鲁斯，战场的主宰，像底比斯的孟图神……阿蒙护卫他的身躯，赛特的力量充满他的四肢"。无独有偶，当拉美西斯二世陷入赫梯人的埋伏时，他也"迅速起身，像他的父神孟图一般愤怒……拿起武器、披上铠甲，犹如展现力量的赛特……神勇无比，如同发怒的塞克美特"。到了拉美西斯二世的儿子美伦普塔赫发动驱逐海上民族的战争前，也声称普塔赫神托梦给他，在梦中赐予他一把剑，让他消灭古埃及的敌人，他的士兵们因此士气大振，一举歼灭来袭的敌人。

当然，这和古埃及国王们无数次亲赴战场的经历是分不开的。从那尔迈统一上下埃及，到塞努塞尔特三世远征努比亚、开辟阶梯瀑布区，到图特摩斯三世远征幼发拉底河，再到普萨美提克一世驱逐亚述帝国，甚至连仅在位几年、腿部有残疾的图坦卡蒙都要在壁画里将自己描绘成驾驶战车投身战场的形象，率军亲征似乎已经成为古埃及国王们的一个传统。

在古埃及人的思想里，尼罗河谷地是世界的中心，古埃及人是众神的子民，南方的努比亚人、西方的利比亚人以及东北方向的叙利亚人要么是原始部落的野蛮人，要么就是纳贡称臣的奴仆和依附者。这些地方的人要么屈服于古埃及，要么被斩尽杀绝。在这一时期，古埃及不存在任何事实上的外交。

但是随着公元前15世纪地中海东岸各国开始崛起，这些日益强盛的国家让古埃及第一次感受到潜在的威胁，随着几次军事上的交锋，双方都意识到单纯依靠战争是无法击败对方的，直到这时，古埃及人才开始重新审视和这些国家的关系，古埃及的国王也开始和这些国家的国王们建立起了书信往来，通过"只娶不嫁"的和亲策略，古埃及先后与米坦尼、赫梯和古巴比伦建立了兄弟之邦的关系，签订合约共同对抗外敌。

图坦卡蒙脚凳上的外族俘虏形象，开罗埃及博物馆，摄于 2018 年

从目前出土的各种外交文书来看（通常是两河式的烧制泥板，书写者先在松软的泥板上写下文字，再送入炉中烧制，让泥板变成坚硬的粗陶板），古埃及国王最早和外国君主建立外交关系是在图特摩斯三世第八次远征期间，这时的古巴比伦国王向图特摩斯三世赠送了礼物。到了图特摩斯四世在位时期，当时的古巴比伦国王卡拉伊达施将自己的女儿嫁给了他，这可能是古埃及王室第一次和外国王室联姻，随后古埃及和古巴比伦之间又进行了多次这样的联姻。

古埃及与原本的宿敌米坦尼人在持续上百年的战争之后，终于在阿蒙霍特普二世或图特摩斯四世时期决定议和并建立同盟关系，到了阿蒙霍特普三世在位时，米坦尼国王将自己的女儿嫁给了他，这样，阿蒙霍特普三世的后宫中就同时包含了米坦尼和巴比伦的公主。

古埃及和各国的外交关系在阿赫那顿宗教改革时期遭到了严重的破坏，甚至一度互相扣押对方的使者，几乎停止了所有官方层面上的交流。阿赫那顿宗教改革失败后，这时的米坦尼王国面临着北方赫梯人崛起的危机，米坦尼国王派使者向古埃及国王求救，但这也改变不了米坦尼最终被赫梯灭亡的命运。崛起的赫梯人又和古埃及重复了一遍战争—议和—同盟的外交过程，只不过这一次，古埃及方面显然在外交上处于劣势——虽然拉美西斯二世迎娶了赫梯的公主，但古埃及在西亚地区的绝对霸主地位就此一去不复返。

古埃及人很早就建立起了层次分明的行政体制，为了维持国家的正常运作，国王采取了分级管理的模式。古埃及国王名义上拥有所有官员的任免权，无论是上下埃及的宰相，还是国库总管、战区统帅和地方长官，甚至包括远在埃及境外的库什总督和西亚总督。新的官员上任之前都必须得到国王的任命。

当然，这是在古埃及中央王权足够强盛的时候才能够做到的，一旦王权衰落，许多强盛的州就已经事实上独立了，这些州的州长在自己的领地内有着至高无上的权力，只是象征性地向国王表示臣服，甚至根本不理会国王发布的命令，不向国王缴纳税收和粮食，自然也不会接受国王的任免——其中一些地方官员甚至会积极谋划自立为新的国王。即使到了古埃及中央王权最强势的新王国时期，原本应由国王任命、监管的努比亚地区的库什总督也因为他们掌握着巨大的财富和权力，经常直接将官职传给自己的儿子。

除了国王之外，古埃及的王室成员还包括王后、王妃和他们的子女。国王的后宫可能同时有很多妃子，但是同一时期的王后只能有一名——出于维护王室血统的纯洁性，这些王后往往是前任国王和王后的长女。王后在古埃及的地位仅次于国王，许多非常有才华的王后甚至亲自参与政策制定、经济建设、军事指挥、宗教改

石雕上的纳芙提提
2018 年摄于开罗埃及博物馆

革等重大国家事务，其中就包括著名的阿赫摩斯-妮菲塔莉、哈特谢普苏特、泰伊和纳芙提提等，其中的哈特谢普苏特更是在丈夫图特摩斯二世去世后，取代了原本的继承人图特摩斯三世成功登基，成为了少有的政绩显赫的女性国王。

和国王一样，王后也被赋予了许多宗教上的神圣地位——她被视为荷鲁斯的妻子哈索尔，而在抚养子女的时候又被视为荷鲁斯之母伊西斯。到了中王国时期，一些王后获得了"神的妻子"的称号，这个称号到了新王国时期又演变为"阿蒙神妻"。一开始这个称号是由王后来担任的，她可以亲自参与所有对阿蒙神的祭祀活动，国王借她之手来压制越来越肆无忌惮的阿蒙祭司。由于哈特谢普苏特靠着阿蒙神妻的身份进一步夺得王

位，因此图特摩斯三世登基之后，"阿蒙神妻"这个称号一度被废除。后来虽然恢复了"阿蒙神妻"的称号，但国王们只在自己的女儿中挑选继任者——担任阿蒙神妻的公主终身不能结婚，以避免哈特谢普苏特那样利用宗教势力谋求王位的事情再度发生。

胡夫时期的一位公主

手执叉铃的阿蒙神妻

尽管古埃及是一个事实上由男性主导的国家，但古埃及人对血统的判定则是由母系来决定的，因此王后的子女在成为未来国王、王后的竞争中有着极大优势。即使王后没有儿子，那些非王后所生的王子、官员依然可以靠着迎娶王后的女儿来登基成为新的国王——例如图特摩斯一世就是以阿赫摩斯一世的女婿身份而得以从将军登基为国王，他的非王后所生的儿子图特摩斯二世也是通过迎娶王后所生的女儿哈特谢普苏特而继位成为国王的——尽管这样确实在一定程度上维持了国王血统的"纯洁性"，但这种由兄弟姐妹之间近亲通婚的行为，导致了后来的王室成员普遍存在着不同症状的遗传病症。

　　古埃及的文献很少记载那些没能继位成为国王、王后的王室子女的信息，一些墓葬铭文中提到当时的宰相、国库监督或重要地区的地方长官都有王室血统，这些可能是那些王子普遍从事的职业。和王子们往往担任高官不同，公主们后来的信息则少得可怜，除了知道她们之中的一部分成为"阿蒙神妻"外，剩下的几乎完全无从考证，只能从她们留下的墓葬中推测一二。

贵族与官员

　　为了便于管理狭长的尼罗河谷地，古埃及国王们会任命大量官员来协助自己。

　　古埃及的行政体系是金字塔型的，越往上层人数越少、地位越高，越往下层人数越多、地位越低。

　　由于埃及以孟菲斯为界，按照传统将其南方和北方划分为上下埃及，因此古埃及官员体系的一个特点就是许多重要的中央官职也由两名官员来担任，分管上下埃及的相关事务。每一位古埃及官员都会有自己的团队来协助工作，团队成员中通常包含了分管各个专项的职员、负责抄写记录数据的书吏和传递信息、命令的信使，正是这种团队合作保证了古埃及每一级行政机构能够顺利地运行。

　　在行政体系中，仅次于国王的是宰相，古埃及人称这个官职为特贾提（Tjaty），后来的一些埃及学者则借用阿拉伯官职体系里的维西尔（Vizier）来代称，由于这个官员的职责是辅佐国王制定政策、监督官员、统计财政等，与中国古代的宰相职权相仿，因此在这里统一意译为宰相。宰相通常由两名官员担任，分别管理上下埃及，其中管理上埃及的宰相驻地在底比斯，管理下埃及的宰相驻地在孟菲斯。

　　作为"国王印章持有者"，宰相的工作通常是代替国王处理日常繁杂事务，他们要监管各级官员、指挥军队将领、记录国家财政税收、统计划分土地、管理国家治安、监控尼罗河水位的变化，有时还要参与重大案件的审理工作。作为国王的助手，他还要把这些工作的记录全都整理成档案，以供国王需要时查阅。

　　绝大多数时候，宰相一职都是由国王的兄弟或者王子来担任，例如胡夫国王的两名兄弟就分别在胡夫和他的儿子在位期间担任过宰相。但也有例外，例如左赛尔国王时期的著名宰相伊姆霍特普就出身于普通贵族家庭，由于他才华横溢，最终被提拔成为宰相。

　　宰相手下有众多分管不同部门的高官，其中有管理财政税收、统筹经济支出的国库监督，有分管农业生产的粮仓监督和分管畜牧养殖的畜牧监督，有掌管军队的南北战区统帅和负责对外联络事务的国王信使，也有负责规划工程建设的王室工匠等。宰相要协调这些部门正常运转，同时也要处理这些部门反馈过来的信息和事务，再将重要的信息尽快上报给国王，并协助国王妥善处理。

古埃及的传统领土在最鼎盛时期划分为42个州（Nome），其中上埃及狭长的尼罗河谷地按照自南向北划分为22个州，下埃及三角洲则划分为20个州。这些州的州长由国王任命，负责管理所在地区的综合事务——农业、税收、工程建设、司法和治安。州长在自己的管辖范围内拥有着极高的权力，由于他们往往出身于高层贵族（一些重要州的州长甚至出身于王族），因此他们有权在自己的名字前面加上各种展现自己功劳或地位的头衔，例如"国王之友""国王的拥护者"等。

和被称为利克耶特（Rekhyt）的普通贵族阶层不同的是，被称为帕阿特（Paat）的上层贵族通常拥有国王赐予的权利——在王族墓葬区修建自己的坟墓。一些势力强大的州长的坟墓豪华程度甚至能和国王们的墓葬一较高下，他们也享有在死后接受官方高规格供奉的权利，每次收获季过后的祭祀活动中，都会有专人负责向他们献上供品。

州长名下同样有着众多分管不同部门的政府官员，这些政府官员的结构和古埃及中央官员的结构类似，分管税收、农业、工程、治安、审判等事务。不过这些地方政府官员直接效忠的是州长，而不是中央的同类部门，这也为古王国后期到第二中间时期地方割据势力抬头、中央王权衰落埋下了隐患。

州长之下还有一些掌管大型城镇（Nomarch）的市长，他的手下同样有众多参与社会管理的行政人员，不过由于市长可控制的资源有限，因此很难像州长那样拥有极大的权力。市长除了管理城镇和维护社会治安外，主要的事务就是征收税款和审理地方上发生的各种案件，因此他们的手下通常有数量不定的税吏和法官来协助处理这些事务。

古埃及究竟有没有成文的法律典章，至今仍是埃及学界争议的问题，但从众多出土文献中可以确定古埃及确实有处理经济纠纷、审理案件的政府部门，现在一般将这个部门的官员统称为法官，由他们对各类案件进行裁决，但他们依照的往往并非固定的法律，而是基于财产私有制和社会共识（如同态复仇等）以及国王的意志。

古埃及的法庭宣称对平民一视同仁，除了奴隶之外的任何人——无论性别、贫富都有权进入法庭控告他人，并由法官和维护治安的警察来定罪和抓捕罪犯。他们审理的案件小到田地边界争议、盗窃他人财产、非法侵占房屋、拖欠债务，大到谋杀、逃亡、叛国、盗墓。

从一则记录古埃及法庭审判的民间故事《能言善辩的农夫》中可以看出，由于没有辩护人制度，因此在法庭审判过程中，都是由当事一方提出控告，并亲自对案情进行陈述，另一方则列举对自己有利的证据来为自己辩护。

由于宗教信仰的原因，双方都必须当场向神宣誓，一旦被发现说谎或作伪证，就会受到极其严厉的处罚。双方陈述完成后，法官需要询问证人、检查证物，并进行最终裁决。对于事实明确的案件来说，这一审理过程是很快的，但如果事实并不明确或证据缺失，法官们往往采用"神谕"的方式，也就是各种各样的"神迹"来裁决原告被告之间的胜负。

一旦其中一方被定罪，那么他将面临法庭的处罚。根据犯下的罪行恶劣程度，处罚由轻到重包括被训斥、赔偿一定数量的财产、鞭笞、劳役、流放、贬为奴隶、肉刑（即割掉一部分身体，通常是手、眼睛、耳朵、鼻子等）以及死刑，死刑的形式包括斩首、溺死或烧死。

税吏则负责辖区的税收，根据纳税者从事的不同职业，例如农民、猎人、渔民和工匠等，他们的税款则以粮食、牲畜、猎获物、矿产、手工艺品、亚麻布等来充抵。税吏们往往和负责治安的官员一起行动，如果有人瞒报收入或抗拒交税，会立刻遭到治安官员和他们手下的暴力处罚，包括当场鞭笞和判处劳役等。

税吏们会监管辖区内所有农田从种植到收割的全过程，并根据田地的产出情况制定应收取的税额，由于土地位置固定、面积固定、收获物不易藏匿，加上农民隐瞒土地面积和收获粮食数量的罪行会让他们面临鞭笞甚至死刑，因此农民是古埃及赋税最重也是税收最稳定的群体。

古埃及税收的法律依据是所有古埃及人都必须为国王工作来支付劳动税。农民和工人可以依靠参与大型工程建设或为国王和政府部门劳动以获得免税的资格，而书吏和祭司团体则总是可以免税的。征收的税款会上交给地方上的国库监督进行统一储存管理，地方上的书吏会记录税款的数目，并将这个数目上报到中央，由宰相来统计各地粮食储量，并对税款进行管理分配。

同时各级的官员们也要缴纳特殊的个人税款，即艾普税（apu），这部分税款是从他们为各层政府工作而获得的工资中扣除的，税款直接上缴到中央，同样由宰相统一分配。

和那些世代传承的贵族官员不同，古埃及社会里的中下层官员很多都并非贵族出身，他们往往来自富裕平民或者普通平民家庭，经过个人奋斗最终担任了古埃及各部门的官员或祭司，这些官员在古王国和中王国时期被称为"强有力的涅杰斯"，其中的涅杰斯即指平民。在中央王权对抗地方贵族官员势力时，这些出身平民阶层的官员往往是国王们拉拢的对象，国王试图借助他们的力量去削弱那些地方贵族的势力。到了新王国时期，这些出身下层的官员被称为"涅木虎"，他们拥有着一些财产和奴隶，阿赫那顿宗教改革时期，国王就大力扶持出身于"涅木虎"阶层的官员来对抗反对宗教改革的上层官员，这导致改革失败后，上层官员们对"涅木虎"阶层展开了疯狂的报复，以至于国王不得不出面维护这些人的生命与财产安全。

教师与书吏

文献是古埃及政府最重要的记录形式，行政命令、财政收入和人口普查数据、税收数额、外交信件、重大活动过程、土地契约等都要被记录在莎草纸上，之后归档并妥善保存。古埃及圣书体文本对文字书写能力有着极高的要求，因此产生了一种为国王和各级政府部门提供记录服务的行业——书吏。

古埃及的各级政府都需要大量书吏来承担文字记录的工作，以此维持政府的正常运行。由于从事这一行业的人数不多，因此掌握文字的书吏可以免税，也不用承担劳役，并且还可以得到极高的报酬，因此在古埃及平民看来，一个人最好的职业就是书吏。

在《学校文献》中曾经提到书吏和其他各种行业相比的优越性，例如：

"农民被野兽吃掉谷物，因为交不出粮食抵税而被税吏捆绑鞭打。"

"士兵背着沉重的行李，经过恶劣的路途去危险的战场送死，幸存者也满身是伤、一无所有。"

"神庙的祭司（这里指下层普通祭司）每天站在那里，不管刮风下雨严寒酷暑都不能随便动弹。"

民间故事《能言善辩的农夫》

"面包师必须头朝下探身进火炉里，一不小心就会掉进去烧死。"

而"书吏可以指挥所有人工作，不用交税，也不用承担劳役……你可以开启财库和谷仓，在谷仓门口点收船上的货物。在庆典时分发祭品，在你的家乡，一座别墅为你而建，而你因为国王的赏赐而得享高位"。

书吏除了掌握文字的书写和阅读能力之外，根据他们毕业后所承担的不同职能，还要额外掌握绘画、计算、法律、记录、土地测量、建筑设计、人员管理等专业技能，以便在记录的时候不至于出差错。那些掌握越多专业技能的书吏往往能够参与更高级别的政府事务，其中最优秀的书吏会成为王室书吏，他们负责记录国王下达的命令以及国王经历的重大事件，替国王撰写书信，参与国王宫殿、坟墓的设计，一跃进入古埃及的最高权力中心。

普通的书吏任职于政府各个部门之中，负责记录该部门的所有事务，并在整理成文献后存档，这些文献包括税收文件、法律文件、宗教文件和军事文件。书吏们往往会在专门的房间里工作，这里会为他们提供工作必需品——莎草纸、芦苇笔、墨水、调色

盘、磨石、皮革制的文献密封袋、用来收纳笔和颜料的金属圆筒等，方便他们工作。

　　一个古埃及平民想要成为一名能够阅读、书写古埃及圣书体的书吏，需要经过长时间的专门训练，而想要接受训练，就要进入专门的书吏学校学习。这些书吏学校有的是古埃及政府开办的，有的则是一些地方上的书吏想要增加收入而创办的——这保证了各地的平民子弟也有接受教育、改变家族命运的机会。

　　由古埃及政府创办的书吏学校往往是贵族学校，例如创办于卡纳克神庙内的书吏学校，这里的教师都是王室书吏或阿蒙祭司。在这里接受到更高等级教育的学生，毕业后可以直接在政府或神庙中获得高级职位，因此大部分的学生都是来自官员和贵族家庭的孩子。

古埃及书写工具

　　而在埃及其他地方的学校，则是由当地的神庙祭司或政府部门的书吏创办的，一方面为各地方培养大量接受过教育的书吏；另一方面也增加了神庙和政府人员的收入，有时贵族家庭还会请书吏担任孩子的私人家教，以便孩子能够接受更好的教育。

　　书吏学校里担任教师的往往都是那些熟练的老书吏，他们有着丰富的写作、阅读经验，因此能够培养出优秀的年轻书吏，他们往往会用各种各样的古代箴言、铭文、神话文献当作教材来让学生们阅读、抄写。而学生们则使用成本较低的文字载体——例如可重复使用的石板、陶板或木板来进行抄写练习，避免浪费珍贵的莎草纸。考古发现的《学校铭文》就是刻在学生用来练习写作的烧制泥板上的。

中王国时期木雕：书吏
在为主人普查牲口

由于学习文字需要大量地抄写、背诵，这个过程十分枯燥，同时还要抵抗各种诱惑，因此这些担任教师的书吏非常严格，经常责骂甚至鞭笞学生。从《学校铭文》中可以反复看到诸如"用你的手写，用你的嘴读，问问题。不要急惰，不要混日子，否则小心挨打！""不要偷懒！不要偷懒！否则你会被结实地教训一顿！""学生的耳朵都长在背上，只有在挨打时才听得见话！"的字句。

等到学生掌握基础的书写和阅读文字的能力之后，他们就可以去政府部门从事普通的书吏工作，或者继续进修其他职业技能，例如法律、历史、测绘、工程、天文、地理、外国语言等，以便能够胜任更高级的书吏工作。

古埃及人相信众神是真实存在的，认为他们生活在遥远的过去，人类所经历的一切都是对古老神话的一次次循环。众神会带给人类各种各样的保护或惩罚，这时人类就需要向众神献祭表达崇拜，或者通过仪式来平息众神的怒火。由于众神和人类无法直接沟通，双方之间的交流需要通过专门的神职人员来进行，这时，古埃及的神职人员——祭司就出现了。

古埃及祭司除了日常主持祭祀活动，将人类的愿望传达给众神之外，还要负责接受并解释神谕，或者在遭受洪水、旱灾、瘟疫、地震、风暴等灾害时向神祈求，希望神能够平息怒火。每一位神都有自己的专属祭司，他们根据不同神的不同神格来决定祭祀的方式。

祭司必须要掌握圣书体文字的阅读和书写，这样他们才能阅读宗教文献，掌握宗教仪式和咒语，制作献祭石碑和护身符，向众神传达信众们的祈求。祭司这个职业的门槛是很高的，并非所有人都能够胜任。

古埃及的所有祭司在进入神庙前都必须保持身体洁净，他们需剃光身上的所有体毛以避免异味，不吃具有刺激性气味的食物（如大蒜、洋葱、鱼等），拒绝饮酒，每次进入神庙前都要在神庙外的圣池中清洁身体，并在轮值期间保持适度的节欲，避免那些不洁或不当的行为发生——古埃及人并不要求祭司独身，他们可以结婚并生育后代。

　　古埃及祭司们的工作地点往往都是在神庙之中，这些神庙供奉着他们所崇拜的一位神或多位神。每一座神庙中的祭司之间也有不同等级和分工。以古埃及第十八王朝的卡纳克神庙为例，巅峰时期卡纳克神庙中的祭司和其他工作人员加起来超过五万人，其中最核心的阶层是阿蒙祭司。这些阿蒙神的专属祭司负责传递国王对神的祈求，同时又将阿蒙神的"神谕"传达给国王。另外他们还需每天清理阿蒙的神像，为神像装饰名贵的首饰、服装并献上祭品。在许多重大的祭祀活动中，只有阿蒙祭司被允许进入供奉着阿蒙神的内部神殿之中，很多时候连国王都不被允许进入。

　　阿蒙祭司之下还有大量普通祭司和见习祭司，普通祭司负责日常的祈祷仪式以及神庙清洁和日常维护，同时还要接见信徒，接受信徒们的供奉，为普通信徒们展示"神迹"，以及照护前来祈求众神的病人。祭司们有时还会帮信徒制作祈祷石碑，这种石碑

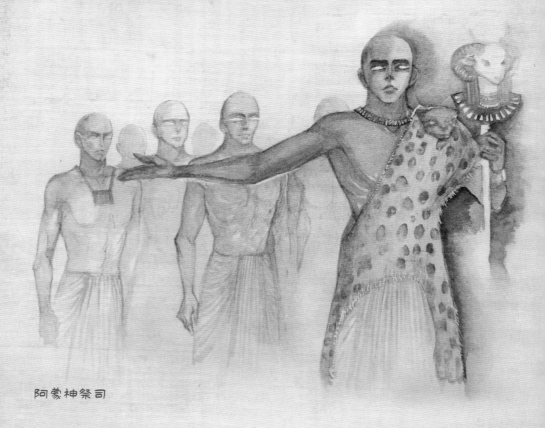

阿蒙神祭司

上刻有神和祈祷者的形象，通过铭文说明要向神祈祷的事情，为了让神能够听到这些祈祷，有时神的形象旁边还会刻上倾听的耳朵符号。

神庙中还有一些负责为死者的身体进行防腐处理的丧葬祭司，他们通常头戴狼面具，身披豹皮，将自己装扮成阿努比斯神的形象。他们会将死者制作成木乃伊并为他们举行启口仪式，最后再进行安葬，以保护他们的灵魂进入冥界后，留下的身体保持完整。

见习祭司则是由普通平民来担任的，他们并非全职祭司。一个见习祭司团体分为四组，每组见习祭司每年来神庙工作三个月，之后由另一组见习祭司轮替，负责各地区小神庙的日常维护和祭祀仪式。由于他们不是专职的祭司，因此还要在平时从事其他生产活动，他们在担任祭司期间能够领取国家分配的薪资，还能获得税收上的优待。

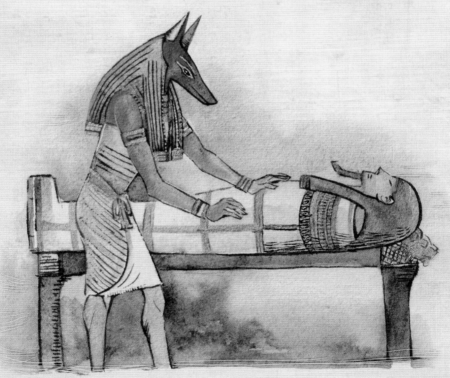

戴着阿努比斯面具的丧葬祭司

阿赫那顿宗教祭拜的阿顿神

除了祭司之外，神庙中还有众多工作人员，例如通过舞蹈取悦众神的女祭司，专门在神圣仪式上演奏音乐并唱诵赞美诗的歌手和乐师，负责为祭司及祭祀仪式制作食物的面包师和厨师，以及大量修缮神庙建筑的工人、雕刻石碑铭文的石匠以及做重体力劳动的奴隶们。神庙会用国王的赏赐和耕种神庙土地的农民缴纳的租金来支付这些工作人员的薪水。

国王会在重大的宗教仪式上亲临现场主持，除此之外，他还会在不同的节日庆典中给予众神的神庙和祭司不同数量和种类的赏赐，例如帕勒莫石碑铭文中提到的"赛普瑞太阳神庙之神：24斯塔特外瑟尔卡夫城内土地，每天2头牛，2只鹅""南方圣堂之神的奈赫贝特（秃鹫女神）：每天10份面包和啤酒""哈索尔女神：一个祭坛；□□□；210份神圣祭品，203份面包和啤酒；有□□□农奴□□□（部分缺失）"等，可见国王的赏赐包括了日常的食物、饮料、祭品、土地和奴隶等，以此来维护王权与宗教之间的友好关系。

祭司团体始终牢牢掌握着"神谕"和对"神谕"的解释权，这是他们用来钳制国王和世俗权力的方法，还能通过国王和贵族对众神的献祭获取大量土地和财富。在第十八王朝国王频繁的对外征服过程中，国家主神阿蒙的祭司就获得了大量国外土地、奴隶和金银财宝，他们拥有的土地一度比国王拥有的土地还要多。由于祭司们掌握了土地的所有权，因此大量的农民依附在神庙名下为神庙耕种（为神庙耕种不需要交税，但一部分收获物要交给神庙），这导致当时的古埃及政府遭遇了严重的财政困难，这些都是后来阿赫那顿宗教改革的导火索。阿赫那顿宗教改革失败后，阿蒙祭司势力再次一家独大，甚至在上埃及形成了割据政权。

值得一提的是，尽管古埃及祭司更多地从事宗教方面的工作，但是他们还会兼任医生和解梦者，为患有病痛的信徒们提供治疗，并为受到困扰的信徒们提供占卜、解梦的服务。因此，古埃及祭司团体一直持续存在到公元3世纪，期间他们一直维持着众多古埃及神庙的正常运行，直到罗马皇帝开始关闭异教神庙、驱逐异教祭司时才最终消失。

尽管古埃及的医学相对于现代医学来说非常原始，但在数千年的发展中也积累了一些实用医学手段。这些能够兼任医生的祭司往往都来自有医学传承的家庭，或者曾经进入专门的神庙中学习过。经过医学培训的祭司能够掌握一些基础的内外科疾病治疗，甚至能够进行一些简单的手术，他们大部分都是治疗各种疾病的全科医生，少部分为专科医生，例如牙医、眼医等。

古代埃及人非常重视心脏，
用圣甲虫等护符保护它

康翁波神庙备受争议的
"医疗器材"

古埃及祭司对医学的学习主要来自于神庙中的各种医学莎草纸文献，上面介绍了常见疾病的症状和对症药物，外科伤痛、骨折的应急处理方法，以及对人体各个部位的研究——尽管有些研究现在看来并不符合事实（比如他们认为心脏是思考器官），但是得益于他们经常接触尸体防腐工作，祭司们对人体内部器官的运行、脊椎损伤对神经系统造成的影响等方面的知识还是有些了解的，他们甚至掌握了脉搏和心跳之间的联系并以此来确定心脏的运行状况。

古埃及的常见内服药物主要是各种草药和神经麻痹药物，例如没药、乳香、茴香、决明子、百里香、苜蓿、杜松、芦荟、亚麻籽、蓖麻油、鱼卵、蜂蜜、鸦片等，主要是帮助患者镇痛并缓解症状。

另外古埃及的祭司们还掌握了一些利用食物和药物治疗疾病的简单药方。

洋葱、大蒜和生菜可以用来帮助患者恢复体力。

大蒜可以用来治疗哮喘，捣碎后和醋混合起来漱口还能缓解牙疼。

相思树坚果捣烂后涂抹烧伤创面，利用里面的单宁酸治疗烧伤。

蓖麻油、无花果和枣一起混合可以当作泻药。

用亚麻绷带包裹住蜂蜜、油脂以及捣烂的柳叶、相思树叶、薄荷叶可以用来包扎伤口，能够止血和治疗骨折。

另外，古埃及祭司还掌握了一些外科手术，会用火来对医疗器械进行消毒（尽管他们可能只是单纯为了用火来净化），能够进行环切、拔牙、坏死器官摘除、截肢、开颅等手术。吉萨金字塔工匠村附近的建筑工人墓葬中的许多骨骸上都残留着截肢、开颅手术的痕迹，从一些骨骼创面上的自然生长痕迹来看，这些人显然在手术后又存活了一定的时间。除此之外，他们还掌握了不同程度的头骨碎裂的治疗方式以及什么时候应该放弃治疗并给予濒死者慰藉。

古埃及的医生在当时的地中海沿岸地区是非常知名和受欢迎的，经常有外国国王写信给古埃及国王，希望他能派医生来为自己解除或缓解病痛，例如牙疼或者内脏疼痛等。当然，以古埃及的医学水平还不足以治疗所有的疾病，为此古埃及祭司们会采用施展"神迹"的方式帮助患者治疗病痛——比如在一些供奉着能够治愈病痛的众神的神庙中设置专门的房间供病人休息、睡眠，希望这些神能够进入患者的梦中为他们治病。有时祭司还会让患者喝下冲洗过神圣石碑的水，佩戴对应神形象的护身符，再为他们念诵咒语驱逐导致病痛的恶魔，以此来为他们治疗。事实上，除了获得一定的心理安慰之外，这些措施恐怕对患者的疾病不会有任何实质意义上的益处。

另外，古埃及人相信做梦是众神给人关于未来的启示，由于梦是人类大脑潜意识的表现，因此常常光怪陆离难以理解，为此古埃及祭司们还要负责为信徒们解读梦境，以便他们能够掌握众神给予他们的"启示"。

和医学文献一样，古埃及祭司们也有着专门的解梦文献，里面记载了梦到不同事物的预兆。

梦到河流，这是吉兆，他的祷告将被（众神）听到

正在喝血，吉兆，他将消灭他的敌人

看到巨大的猫，吉兆，他将会获得大丰收

赤身裸体，凶兆，他将变得贫穷

吃无花果和葡萄，凶兆，他将被病魔缠身

正趴在地上，凶兆，他将被已死者夺去全部财产

——这些解梦的文本尽管有些荒诞，但古埃及人对它们深信不疑。

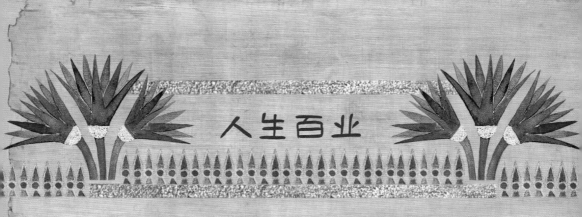

人生百业

形象来自于第六王朝时期的搬运贡品木偶

子承父业的观念深入古埃及人的思想。农民的子女依然是农民，石匠的子女仍然是石匠，同样地，国王的继承人也会是国王——尽管古埃及历史上依靠征服、刺杀、僭越、政变的形式成为新任国王的例子层出不穷，但是古埃及人还是相信老国王和新国王之间的更迭相当于奥西里斯与荷鲁斯之间的神圣传递。

　　有国家就有政权组织，有社会就有社会组织。作为一个古老的国家，古埃及在近三千年的历史进程中，同样建立起了一个较为完善且能够维持社会正常运转的职业体系。从最广大的农民、工匠，到维护国家安全、社会治安的士兵和警察，再到参与基层管理的中下级官员，他们无一不参与到这个庞大的社会体系当中，为社会的运转尽自己的一份力量。

农民

　　农民是古埃及社会体系中最广大同时也是最基层的群体，他们通过付出沉重的体力劳动，利用原始的农具、灌溉水渠在尼罗河周期性泛滥留下的肥沃淤泥上日复一日地耕种、浇灌、收获，生产人们赖以生存的农作物，以此来养活自己和家人，并通过交税的方式，向其他非粮食生产者提供食物和饮料。

　　古埃及最鼎盛时期的控制面积约100万平方千米，但由于埃及大部分地区都是动植物无法生存的沙漠，只有狭长的尼罗河谷地和下埃及三角洲的沃土能够种植农作物，因此古埃及的农业一开始就建立在如何利用有限的尼罗河水利资源进行灌溉的基础上，通过开发洪水退去后的淤积地，由广大农民付出辛勤的劳动来完成的。

　　在洪水季（通常是现代每年的7月中旬到9月底），由于尼罗河的周期性泛滥，大部分可供种植的土地都被洪水淹没，这个时候农民无法进行耕种，他们大多数会利用这段

时间进行一些其他形式的生产活动——例如捕鱼、狩猎、采摘等，这些工作可以补充他们生活所需，有时还能获得一些积蓄。

国王或当地的官员通常会在洪水季组织人员进行一些大型工程的建设，例如修建宫殿、神庙、金字塔、陵墓，或者前往矿石产地进行采石、采矿作业，这些工程通常都需要大量的劳动力。而人口众多、此时无法进行耕种的农民自然就成了招募的主要人选，被招募的农民每天为这些大型工程的建设辛勤劳作，而官员们每日会向他们支付面包、啤酒、亚麻布等物品作为酬劳。

除了从事这些工作之外，古埃及的农民们还会趁着农闲维护农具，或用芦苇、纸莎草编制衣服、箩筐。有时候他们还要想方设法利用那些没有被洪水破坏的堤坝，关闭闸门将一部分泛滥的洪水留存在田地里，好让洪水携带的肥沃淤泥能更多地沉积下来。

一旦洪水开始回落，负责监督农民耕作的官员就会安排农民们修复堤坝、重新挖掘被冲毁的引水渠，并重新划分被洪水和淤积物覆盖的农田——这些农田被整齐地划分成若干片，分配给农民们进行耕作，田地周围放置有标记田地边界的大石头，即使洪水泛滥也难以淹没或冲走这些界石，私自挪动这些标记位置的石头来扩大自己的土地是非常严重的罪行，严重到可能被判鞭笞、劳役甚至死刑。

等到洪水完全退去，就来到了播种季（通常是现代每年的11月中旬至第二年3月中旬），这时，古埃及的农民们就要开始耕种，他们要先用铲土工具将地面上干涸的洪水淤积物铲碎，随后使用牛（最早是非洲的长角牛，后来用从叙利亚引进的亚洲水牛代替）或人力拉动犁来深翻耕地，好让肥沃的淤积物混入之前的土地增加土壤肥力，随后农民开始播撒种子，驱使牛或羊在播种后的土地上来回践踏，将种子踩入深土之中。

播种完成后，农民们还要每天到田地里巡查，定期浇灌作物、清除杂草、驱赶破坏种子和苗芽的动物，好让种子能够顺利发芽生长。古埃及人很早就开始利用人工挖掘分层引水渠的方式将尼罗河水引入较高处的田地，他们使用一种名为沙都夫（shaduf）的吊杆装置用人力将河水抬升至高处的水渠当中，这是一种起源于两河地区的工具，很早就传入了埃及。等到河水流入引水渠，会从引水渠的开口处流入田地中实现漫灌，当一处田地漫灌完成后，农民就会挡住这处开口，让水流向下一片田地。

在这时候，古埃及农民们最害怕的是起源于东非大裂谷潮湿地带的蝗虫群，这些蝗虫一旦集群，就会沿尼罗河一路向北推进，经过埃及进入西亚地区，沿途所经之处寸草不留。一旦遭遇这样的蝗灾，整个埃及都会因为农作物绝收而陷入饥荒——古埃及神话中有一种生活在冥界的恶魔阿普沙，就是以蝗虫的形象出现的。

随着农作物慢慢成熟，进入收获季（通常是现代每年的3月中旬到5月初），农民们开始收割已经成熟的农作物。此时收割下来的农作物还不能归农民自己所有，各地区的税吏会在这时来到田边监督收割，并对每一块地征收一定比例的税款，这些税款通常用收获的谷物来抵。收割完成后，农民们开始对谷物进行脱粒晾晒，随后其中一部分会被税吏收走，送往国库的塔形粮仓中储存，剩下的由农民自行储藏或用来交换其他生活必需品。这时农民们还要抓紧时间修缮田地间的水渠和堤坝，以迎接不久之后再度泛滥的洪水。

工 匠

古埃及文明以惊人的巨石建筑闻名世界，这其中离不开职业工匠们的辛勤劳作。古埃及的职业工匠有不同的等级，一些主持设计王室建筑的建筑师甚至由身居高位的官员来兼任，其中著名的有主持建造左赛尔金字塔的伊姆霍特普、主持开发国王谷的伊涅尼、主持建造哈特谢普苏特神庙的森穆特等，这些建筑师负责工程的规划、设计，但并不亲自参与劳动；而大多数普通的工匠则掌握一项或几项专长，他们和农民一样，通过付出辛苦的劳动，来换取生活的必需品。

建筑师一般负责在工程前期对工程的选址、形式、建材进行规划，他们一般率领着一支由测量员和书吏组成的队伍，测量员对工程地点进行实地勘测后，再由建筑师设计建筑样式、高度、面积和布局，随后由书吏将这些规划绘制成图纸交给负责监督的官员。如果是王室建筑或者大型神庙的话，在动工前还要由国王亲自用木棍和绳子在规划好的建筑地面上标出建筑的面积和大致布局，这种名为"放绳奠基"的仪式是神圣而必不可少的。

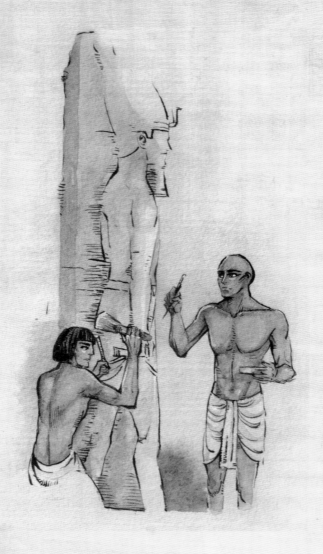

建筑师团队除了主持初期的规划工作外，还要亲自监督建材的挑选和搬运，协调建设的进度，规划建筑工地的辅助设施，以及安排工匠对已完工的建筑进行雕刻、涂色装饰。当然他们的工作并不仅限于此，在整个建筑工期，他们还要负责对工人的管理，包括雇佣工人的薪酬、食物供应、提供工具、伤病等情况都要由他们来统筹安排。

除了这些建筑师团队之外，古埃及社会还存在着数量庞大的工匠，按照不同的分工可分为石匠、木匠、冶金工、皮匠、纺织工、制陶匠、珠宝匠等。他们有的有自己的手工作坊，可以雇佣其他工匠，有的则依附在他人的手工作坊里工作。其中大多数工匠都是以父传子的形式代代相传的，也有一些则是通过拜师学艺。

石匠的工作主要是雕刻石碑、雕像或大型石质建筑上的装饰纹案，有时也会用石头雕凿不同大小的石质器皿。在古埃及早期，工匠们通常使用较为坚硬的燧石、玄武岩等材质制成的原始工具，例如石锤和石凿等，利用应力可以轻易地雕凿石灰岩或者雪花石等较软的石材。古埃及人掌握了金属冶炼技术后，石匠们可以使用铜制工具、青铜工具和铁制工具雕凿更硬的石材。从众多出土文物可以看出，古埃及石匠的技艺相当高超，无论是雕刻几十吨重的巨大石像还是只有手掌大小的石质器皿都是得心应手的。

木匠会使用斧、锯、凿、锤、刮刀和弓形钻等工具，将埃及本土出产的棕榈木、柳木、无花果木和悬铃木这些常见木材切削、烘烤变形，进一步加工成木板或房梁、支柱或是各种家具、器物。而那些从黎巴嫩、努比亚地区进口的雪松、乌木等优质木材，往往被用于制造船只、大门或是一些木制雕像——例如著名的"老村长"卡博尔王子雕像。目前发现的古埃及最古老的木制品是第四王朝时期未完工的美杜姆金字塔里残留的木制支架，至今已有4600多年历史。

冶金工的工作是将金属矿石冶炼成金属，再把金属锻造成各种各样的工具。如果要加工比较精致的金属制品，冶金工通常先用蜡捏成要制作的金属制品的形状，再用湿滑的黏土将其完全包裹，随后放入窑中烧制成粗陶模具，在这过程中熔化的蜡液会从黏土

上事先留下的小孔流出。随后工匠们利用碳火和鼓风箱将金属在坩埚中加热熔化，从小孔倒入粗陶模具中，等到熔液冷却后，将外部的粗陶敲碎剥离，里面的金属就固定成型了。有时候他们也会用同样的方法，将黄金、白银这些贵金属铸造成首饰，并由珠宝匠进一步精制加工。

珠宝匠的工作是将各种贵金属和宝石制作成供众神和贵族佩戴的珠宝、首饰。珠宝匠们会用弓钻对一些材质坚硬的宝石进行打磨钻孔，并将它们按照一定的颜色、形状用绳子依次穿起来做成项链或腕饰；或使用吹管在烧热的黄金、白银基底的首饰上镶嵌上各种颜色的宝石。这项工作需要工匠有着足够的审美水平，能够制作这些精美饰品的工匠通常都是为王室或贵族服务的。

皮匠的工作主要是对动物皮革进行加工，制作成服饰和鞋子，或是皮甲、蒙皮木盾等防具，以及用来盛水的革囊、装莎草纸文献的皮袋等。一些零散的皮革则被加工成束带，用来捆绑东西。皮匠们所使用的材料一般是瞪羚皮或水牛皮，有时也会使用较为坚

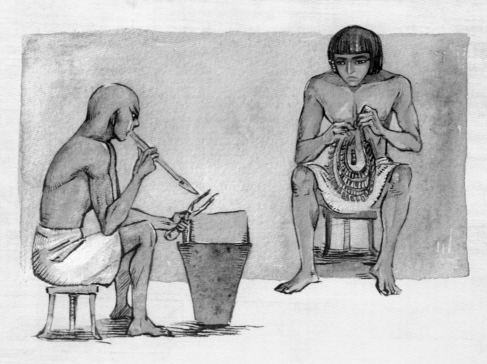

硬的鳄鱼皮、河马皮。羊皮则被认为是不洁的，在针对拉美西斯三世的宫廷暗杀阴谋败露后，罪魁祸首彭塔沃尔王子被灌下毒药处死后，他的尸体就用羊皮包裹以作惩罚。

编织工是一种比较特别的行业，这种工作通常是由古埃及的女性来完成的，她们既可以在家单独工作，也可以在专门的纺织作坊里集体作业。编织工先将亚麻或纸莎草的根茎外皮剥开晾干，然后用简易织机将这些晾干剥开的根茎纺织成亚麻布或莎草布，有时编织女工还会将制成的布缝纫成缠腰布或稍长一些的长筒裙，这两种都是古埃及平民常见的服饰。后来喜克索斯人将一种两河地区的垂直织机带入埃及，提高了古埃及人的纺织效率。这些织成的布匹和面包啤酒一样，常被当作一般等价物来进行交换。

第十八王朝时期的费昂斯容器，用于盛放眼影膏

制陶匠的工作是用黏土烧制成各种各样的陶制器皿，这是全世界各地区的古文明都掌握的一项原始工艺。古埃及的制陶匠利用转盘来辅助自己更好地完成黏土的定型工作——这也就是为何古埃及的创造之神克奴姆会和陶工的转盘联系起来。制陶匠把定型后的陶坯放入炉中，经过烧制，就会变成坚硬耐用的粗陶器皿，可以用来盛放水、粮食、啤酒、油或者香料等物品。古埃及的制陶匠还掌握了在烧制好的陶器表面附着"费昂斯"的技术，这是一种蓝绿色的釉质层，能够使陶器的外观更精美、耐用。制陶匠先将石英砂研磨成粉，加入草木灰和石灰后烧熔成液体，再将粗陶内胎完全浸入熔液中，取出后放在石板上滚动至表面平滑，等待表面的熔液凝固即可完成釉质层的附着——这套工艺流程其实和制作玻璃的工艺非常接近，只不过制作玻璃需要加热到约1700摄氏度使内部晶体完全熔化，而制作费昂斯只需要加热到1000摄氏度左右即可。

士兵与警察

　　古埃及的职业军队出现得非常晚，大约在古埃及第二中间期驱逐喜克索斯人的战争中才逐渐形成。在这之前，古埃及没有真正意义上的军队，只在有战争需要时才从农民中临时征募。另外一些地方贵族可能拥有一定数量的私人武装——例如中王国时期的贝尼哈桑T15号墓中的练兵图所反映的正是训练私人武装的场景。

　　进入新王国之后，出于维护本土安全和对外扩张的需要，军队逐渐实现了常备化——从当时的许多墓志铭可以看出，一些古埃及人几乎一生都在军队中服役，他们通过屡立战功而从普通士兵逐渐成为将军，得以在荣华富贵中安享晚年并以较高的规格被安葬，这种军勋制度正是职业军队形成的标志。

　　古埃及军队最开始分为三个军团，以古埃及的三位主神名字命名，分别是"阿蒙军团""拉军团"和"赛特军团"，这些军团由战区统帅指挥——由于埃及被分为上下两

部分，因此军事上也通常任命南北两名战区统帅，分别管理上埃及和下埃及的军事行动。其中每个军团的人数在5000人左右，普遍配置是4000名步兵和1000名战车兵，共分为10个营，每个营下辖2个连，每个连下辖5个排，每个排下辖5个队。

除了这些完全由古埃及人组成的军队之外，还有一些从努比亚、利比亚等地区招募的部落战士协同作战，其中努比亚人组成的麦德查人卫队在后来还逐渐演变成了古埃及首都地区的警察部队，用来维护首都和王室的安全。

到了第十九王朝拉美西斯二世时期，为了加强对西亚地区的作战兵力，扩招了5000名士兵整编为第四军团"普塔赫军团"，到这时古埃及军队的数量稳定在20 000人左右，同时还有一些由青少年组成的预备军团——当拉美西斯二世被赫梯人围困在卡叠石城外时，正是由于这支青少年的预备军团及时赶到，才让深陷敌阵的国王不至于沦为俘虏。

古埃及士兵的装备相对来说比较简单，他们普遍使用鸭嘴斧、短剑等单手武器，以及长枪、扇形斧等长武器，同时还装备着抛石索和从喜克索斯人那里学来的复合弓箭等远程武器——古埃及军队最擅长的就是在敌人接近时持续射箭，从而对敌军造成远程压制来减少己方的伤亡。一些比较精锐的士兵会在战斗中穿着皮甲，戴着头巾来防护，更多的普通士兵则只有一件缠腰布，拿着蒙皮的木盾作为唯一的防御装备。

将领们的装备要比普通士兵好很多，他们穿着青铜甲（亚述人带来冶铁技术后开始使用铁甲），戴着厚头巾，使用弓箭或者著名的赫梯弯刀（khepesh）以及青铜盾牌作战，良好的防护让他们的伤亡率远低于普通士兵。

士兵们要经受严格的军事训练——包括负重行军、近身格斗、弓箭射击、接受指令等。除此之外，战车兵还要学会驾驶战车和在战车上使用弓箭作战的技能；而侦察兵则要学会如何进行侦察和潜伏，有时候还要学会敌国的语言。

经过军事训练，古埃及军队的军事素养得以提升，纪律性得以加强。每一场战斗之前，军队都会安营扎寨，普通士兵的营帐分散在周围，国王或最高统帅的豪华帐篷则位于中间。随后士兵们开始在营地周围挖掘环绕营地的壕沟，并用挖掘出的泥土堆砌成临时的瞭望台，以便哨兵监视四周动向，有必要时还会派出侦察兵离开军营，潜伏在关键要道处观察敌军的动向。到了夜间，军队还会安排士兵在军营周围巡逻以加强警戒，并在第二天早晨向最高统帅汇报每天晚上的巡逻状况。

在战场上，排在最前面的是战车部队，战车技术是古埃及人从喜克索斯人那里学来的，由一名驭手驾驶战车，另一名士兵使用弓箭和长枪战斗。步兵则跟在战车后面向敌人发起冲锋或射击，通常由最精锐的"第一部队"站在前排，新兵则跟在他们身后协同战斗。

除了直接参战的士兵外，古埃及军队中还有许多后勤人员，有饲养照顾拉车战马的马倌，有为伤病员提供治疗的医生，有跟随国王或最高将领进行战争记录、统计战利品和计算军功的书吏，他们保证了古埃及军队对外远征能够顺利进行。

古埃及军队有着严格的军功认定和赏罚标准，他们最开始以在战场上杀死并割下敌人的头的数量来计算，后来为了便于携带和统计，又改为割下敌人的手的数量。或许是为了避免士兵割取敌人的双手或是杀害妇女来冒功，有一段时间古埃及人采用割下敌人生殖器的方式来计算军功，拉美西斯二世神庙大铭文和拉美西斯三世的哈布神庙壁画上都有对这种计算军功方式的直观画面表现。

根据在战场上的杀敌数量，每个立下军功的士兵都会获得国王的赏赐。一些立下赫赫战功——例如在一次战斗中杀死或抓获多名敌人、俘虏敌军重要人物、缴获敌人装备的士兵还会额外获得国王赏赐的土地、奴隶甚至最高荣誉——金蝇勋章。十八王朝早期的《阿赫摩斯船长墓志铭》中就极为光荣地提到，这位船长从驱逐喜克索斯人到远征幼发拉底河之间的众多战争中都立下了战功，国王前后共赏赐给他10斯塔特（古埃及面积单位，相当于现在的2800平方米）的土地和十多名由他亲手抓获的战俘当作他的奴隶。

尽管参军充满危险和辛劳，但是新王国初期的古埃及人有着极高的爱国热情，再加上获得军功能让人快速提升社会阶层，获得大量财富和土地，因此许多年轻人都渴望参军。而强势的古埃及新王国有着众多热衷标榜自己军事功绩的国王，恰好能够为这些年轻人提供足够多的机遇。

而在古埃及，警察这个职业的出现更为独特。最早是由贵族和官员招募的私人武装来维护社会治安、惩治罪犯。直到第二中间期，一些努比亚部落迁徙进入古埃及境内，这些黑色皮肤的人被古埃及人称为麦德查人，他们身材高大强壮，国王雇佣了一些麦德查士兵当作自己的守卫部队，来保卫王室和贵族官员。由于这支麦德查人卫队常驻于首都底比斯，因此维护底比斯的治安、抓捕罪犯或逃跑的奴隶、惩治违法者、看守对岸的国王墓葬等任务也分派给了他们。尽管随着时间的推移，这支具有警察职能的卫队不再仅限于招募来自努比亚的黑人，许多古埃及本地人也被招了进来，但是麦德查人卫队的名字却一直保留到了托勒密王朝时期。

第十八王朝国王奖励给勇士的金苍蝇勋章

口腹之乐

形象来自于第十八王朝时期的贵族宴饮图

尽管生活在物质相对匮乏的年代，古埃及人还是会想方设法满足自己的味蕾，充分利用酸、甜、苦、辣、咸各种味道让每一天都变得有滋有味。

　　在古埃及人的日常饮食中，面包作为主食的地位从未被动摇过，上到国王、贵族，下至平民百姓，都靠这种谷物发酵烘烤而成的食物来填饱肚子——和现在面包店中洁白柔软的烘制面包不同，在古埃及时期，由于细筛技术不过关，在颜色灰黑的发酵面包里混入砂砾、谷壳是很常见的事情，以至于很多人的牙齿都受到了不同程度的磨损。

　　啤酒则是古埃及人餐桌上的常见饮品，和现代的工业拉格啤酒不同，这是一种用大麦屑和单粒小麦（如今只有在育种中才会用到它）分别浸入冷水和热水并加入酵母菌，再装罐经过连续几天的发酵，在没有啤酒花的情况下通过自然糖化形成的酒精饮料。如果制作比较考究的话，通常还会在这个过程中加入开心果、玫瑰花、芝麻等配料，来给酿成的啤酒增添香味。

同样由于细筛技术不过关，这种在密封罐子中完成发酵的饮料在端上桌时表面依然漂浮着不少谷壳，需要将之舀出或使用空心麦秆当作吸管才能大口饮用，曾经有现代团队根据制作方法复原过这种啤酒，据说味道像淡口的格瓦斯。对于普通平民来说，这种价格低廉且量大的酒精饮料更受欢迎，而需要投入大量人力、物力酿制的葡萄酒则更受贵族们的青睐——当然在一些壁画中，我们依然可以看到已经在宴会上喝得醉醺醺的贵族女性要求仆人们端来更多的啤酒。

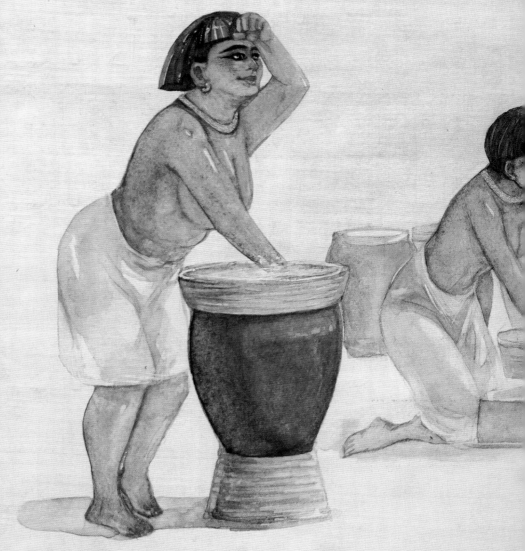

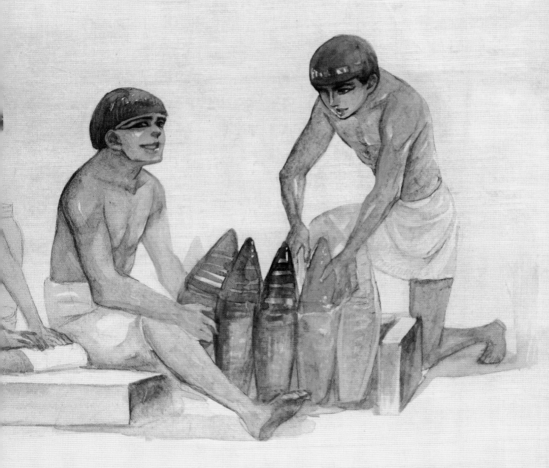

在尼罗河谷地，由于当时还没有货币的概念，这些面包和啤酒承担了一般等价物的作用。国王们会每天向不同地区的神庙供奉数量不等的面包和啤酒，而供给的数量则由神庙中的祭司人数来决定，这些名义上供奉给神的面包和啤酒，最终都落进了祭司口中。

同样地，在国家主持的大型工程中，发给工匠和参与劳动的平民们的报酬也是面包和啤酒。用这种方式来发放报酬，一来可以让劳动者补充消耗的体力，二来也保证了薪酬发放的即时性。

形象来自于第六王朝时期的制作面包／啤酒木偶

葡萄酒的制作工艺较为繁杂，也需要投入更多的人力、物力。通常会在葡萄成熟时成串摘下，清洗后放置于大缸之中，通过碾压的方式让葡萄汁流出，加入辅料后整罐密封，置于阴凉环境中储存半个月到一个月，待其自然发酵后，过滤掉残渣，剩下的就是香甜的葡萄酒了。

由于葡萄酒的颜色鲜红，常被当作献给众神的供品，这可能与植物神奥西里斯的崇拜有关，也有可能和太阳神用其灌醉狮子女神塞克美特的神话有一定联系。在世俗生活中，葡萄酒的细腻口感更受国王和贵族们的欢迎，常常用于节日庆典上。

若是只有面包和啤酒，饮食未免太过寡淡无味。在古埃及人的餐桌上，同样会有一些增添滋味、补充营养的佐餐食物。

平民的餐桌上较为常见的是各种各样的蔬菜、瓜果和豆类作物，例如洋葱、莴苣、南瓜、韭菜、生菜、蒜、无花果、西瓜、石榴、葡萄、椰枣和豌豆等。这些蔬菜、豆类有些需经过简单的烹煮，有些则可以直接生吃，其中不乏一些有着强烈味道的蔬菜，既能让人们补充植物纤维和营养，也给原本平淡的味蕾带来不一样的体验。

值得一提的是，现代人最爱的消夏水果——西瓜最早就是由古埃及人发现并进行培育的，这个时候的原始西瓜个头不大，红瓤少白瓤多，古埃及人很可能将它当作蔬菜来食用。

肉类一般较少出现在平民的餐桌上，但人们也并非完全没有摄入动物蛋白的机会。其中最为常见的就是在尼罗河中捕捞到的淡水鱼类，由于气候炎热干旱，古埃及的平民会将这些不易储存的鱼类用盐腌制后晾晒，制成咸鱼后食用，这些咸鱼除了让餐食更加有滋有味外，还为食用者补充了每日所需的盐分，更是平民家庭动物蛋白的主要来源。

除了咸鱼之外，平民的餐桌上偶尔还会有狩猎得来的水禽、野生动物的肉类，例如法尤姆地区和三角洲地区沼泽湿地中常见的羚羊、野鸭、水鸟和刺猬等，对于常年食用蔬菜和咸鱼的平民来说，这可以算是改善生活了，但这样的机会并不会很多。

国王赫里霍尔与贡品，
形象来自二十一王朝莎草文献

167

古埃及贵族们的生活就比平民好得多了，他们能够得到屠宰场稳定供应的的肉类，这些肉类通常来源于畜牧养殖，例如牛肉、猪肉、羊肉、鸭肉、鹅肉等，从壁画中可以看出，烤熟的牛肋排、牛腿等在贵族的日常饮食中很常见，也会被当作祭品供奉给众神——有趣的是，尽管希罗多德宣称古埃及人因为厌恶猪而不食用猪肉，但是实际上在吉萨金字塔工匠村的遗址中发现了大规模屠宰和食用猪肉的证据，显然古埃及人并不拒绝食用猪肉。

除了肉类之外，古埃及贵族的饮食中还包括不少平民难以接触到的甜品，例如蜂蜜、枣糕、虎坚果糕等，这些食品的糖分和热量都很高，再加上充足的肉类食品、葡萄酒和啤酒供应，以至于很多贵族的健康都受到了不同程度的影响。

还有一点必须要注意，古埃及的神职人员，无论是小型地方神庙的普通祭司，还是卡纳克、卢克索这些大型神庙的高阶祭司，都不食用带有强烈刺激气味或会导致身体散发刺激气味的食物，例如洋葱、大蒜、韭菜、腌鱼等，因为他们要接近神像，认为这些气味会令神不悦。

经常出现在壁画上的供品桌

欢庆节日

与丰收、欢愉有关的母牛女神哈索尔

翻阅古埃及人留下的历法，会发现他们是一个无比热爱节日的民族——无论是神话事件发生的日子还是国王登基庆典的日子，都被归纳为一个又一个的纪念日，其中一些重大节日更是会举国欢庆。尽管古埃及平民几乎每天都要付出沉重的劳动，但是他们仍然会利用那些重大节日，与家人们欢聚、庆祝，享受难得的休闲和餐宴。

古埃及的节日总体上分为三种类型，即"神话事件相关节日""国王相关节日"和"天文自然相关节日"。

古埃及历法中，神话事件相关节日是最多的，其中大多数都是众神的生日或者神话事件的纪念日（例如"奥西里斯进入阿拜多斯之日""塞克美特毁灭世界之日"之类），不过这些特定纪念日过于频繁，几乎每过一两天就有一个，因此基本上除了对应神庙里的祭司会举行特定宗教仪式外，平民很少会参与庆祝。

不过也有例外，古埃及著名的欧佩特节就是一个全民参与的盛大神话节日。欧佩特节最早起源于中王国时期，通常在每年洪水季的第二个月举办，节日中各种庆典的时间可能长达一个月甚至更久，在举办之前要筹备大量的物资，例如哈布神庙铭文中就记载为了举办一次欧佩特节，神庙共准备了24 313升的谷物。

　　欧佩特节最重要的庆典仪式是"神圣游行"，卡纳克神庙的祭司们将神庙中供奉的阿蒙、穆特和孔苏一家三口组成的三联神神像从神龛中取出，放置在由祭司抬着的圣船上，之后在游行队伍的簇拥下离开卡纳克神庙，乐师和歌手们一边演奏乐器、一边唱着赞美诗，动身前往南方几公里外的卢克索神庙。

　　由于这些神像平时都供奉在只有阿蒙祭司才有资格进入的内部神殿之中，因此这次游行可能是普通平民一年中唯一能见到这些神像的机会。不少当地平民会事先赶到沿途，夹道跪地膜拜阿蒙神像并向它祈祷，以期能够得到阿蒙神的保佑。有趣的是，神圣游行队伍中的阿蒙神有时候还会通过圣船的前进、后退或者船头倾斜来"回应"平民的祈祷，以这样的"神谕"形式来向平民们展现"神迹"。

　　等到游行队伍进入卢克索神庙后，国王会亲自来到卢克索神庙，作为主持者的他会和阿蒙神像一起进入卢克索神庙的内部神殿，在那里举行一系列的宗教仪式——此时的

欧佩特节游行圣船

阿蒙神在卢克索神庙被称为"阿蒙·埃姆·欧佩特"，他象征着生命力和复活。通过各种仪式，这位阿蒙神会通过"神的呼吸"赐予国王"王室的生命力"，象征着国王的生命力得到了重生，他的王权也进一步得到了阿蒙神的认可而变得更加神圣不可侵犯。

最早被记载下来的欧佩特节庆典是在第十八王朝的哈特谢普苏特女王时期举办的，但是从卡纳克神庙的考古发现中可以得知在中王国的塞努塞尔特一世时期也举行过类似的庆典，因此可以推测出这类庆典节日的大致起源时间。随着时代的变迁，欧佩特节的仪式、游行路线和持续时间也在不断变化，哈特谢普苏特时期的欧佩特节庆典就与拉美西斯二世时期的欧佩特节庆典有着不小的差异。

与国王相关的纪念日则普遍比较隆重，其中尤以国王的登基纪念日和加冕纪念日为最。这些节日体现了国王的统治稳固，因此作为强化王权的举措被历代国王们所重视，其中最著名的要数被称为"三十年节"的塞德节。

塞德节是古埃及国王在位三十年后举办的全国性纪念节日，节日里国王会亲自主持各种大型仪式，尤以盛大的狂欢游行著称，时间往往长达两三个月，以此来纪念国王登基三十年，并祈愿他的生命和统治能够更加长久——尽管许多举办这一节日的国王在位总时间都不满三十年，他们都是在自己认为需要时举办的。

由于塞德节是一个全国性的节日，因此在举办之前，宰相就要早早地把这一消息传达给埃及各地的政府部门，以便各地区提前做好准备——例如修缮神庙、安排筹办人员以及准备庆典所需要的物资，国王常常会向所有参加庆典仪式的人发放面包、啤酒等食品（拉美西斯三世时期曾经一次发放过11 341个面包和385罐啤酒），制作这些食品也需要相当长的时间。

塞德节开始后，国王和王室成员都要盛装出席，率领抬着神像的祭司以及众多贵族、官员一起向举办塞德节的神庙走去，沿途的平民在游行队伍经过时跪在地上，向国王和众神顶礼膜拜。随后国王进入举办塞德节的神庙，向众神献上准备好的祭品，接着会举行一项象征性的宗教仪式——佩戴着不同神的象征物、代表着不同神的祭司纷纷向国王跪下并亲吻他脚前的土地，象征着国王的统治得到了众神的认可和祝福。

随后国王进入内部神殿的神龛中，躺在神龛内的床上，手持着权杖和连枷，脸上涂着象征奥西里斯的绿色颜料，装扮成死去的奥西里斯神的模样，这可能象征着国王的"死亡"。之后国王在代表众神的祭司们的环绕下，在他们不断地呼喊中"苏醒"，象征着国王得到了众神赐予的生命，获得了重生。

"重生"后的国王会重新举行加冕仪式，以庆祝他的生命和统治都获得了新生，随后国王会通过"塞德节奔跑"的仪式，将他跑过的土地作为回报献给众神。接着国王会前往荷鲁斯和赛特的神庙向这两位代表上下埃及的神献上祭品，并接过两位神的祭司奉上的弓箭射向东、南、西、北四个方向，代表着国王"消灭四方（的敌人）"，最后荷鲁斯和赛特的祭司为他戴上象征上下埃及的红白双冠。重新加冕后的国王会向参与游行的队伍发表讲话，而跟随的官员们则纷纷颂扬国王的功绩，祝愿国王的统治地久天长。

塞德节最早可以追溯到古王国时期第五王朝的国王伊尼（Iny）时期，他在阿布-古鲁布神庙的墙壁上留下了庆祝自己举办塞德节的浮雕，从他开始一直到托勒密王朝，古埃及历史上总共有十多名国王举办过这一庆典，其中佩皮二世、塞努塞尔特一世、图特摩斯三世、阿蒙霍特普三世、拉美西斯二世、拉美西斯三世都是在执政满三十年后举办的塞德节，并且他们在首次举办完塞德节庆典后，每过两三年还会再举办一次，以强化他们不可撼动的神圣地位。

古埃及天文自然相关节日则与农耕生活息息相关，除了新年外，还有许多例如"犁地之日""尼罗河洪峰日"等节日。这些与其说是节日，倒不如说更像是古埃及人的农耕时间表，指导一代又一代的农民应该在何时开始播种，何时准备迎接泛滥的洪水。

其中古埃及最著名的天文自然节日当属"复苏节"（Shemu），也就是古埃及收获季（Shemu）的Pachons月（接近公历的3

象征奥西里斯脊椎的杰德柱

月）的第六天，这天也被称为"收获日"。到了这一天，农民们在播种季种下的作物已经成熟，可以陆续开始进行收割采摘了——因为这天太阳直射点由南向北经过赤道，白天黑夜等长，古埃及人相信世界就是在这一天诞生的，因此这一天也被称为"重建天国之日"。

由于古埃及人相信世界和最初的生命是从原始海洋中诞生的，因此收获日当天古埃及人会吃腌制好的咸鱼，同时还会吃生菜和洋葱这两种蔬菜。古埃及的农民为了祈求农业丰收，通常会在收获日当天将收获的第一捆作物作为祭品供奉给农业丰产之神敏（Min），这是一位有着鲜明"男性特征"的神祇，而它的代表植物就是原产于古埃及尼罗河流域的生菜——生菜中分泌的白色浆液被和敏神的"男性特征"紧密地联系在了一起。

古埃及人在收获日吃生菜的原因也和敏神以及他的代表植物生菜所象征的"旺盛生命力"有关，这种菊科莴苣属的植物含有的莴苣素能够对人体神经系统产生轻微的抑制效果，不仅能够镇痛，还有其他方面的功效。

而洋葱则被古埃及人认为和复活有关，甚至在木乃伊的制作过程中都要用到它——用洋葱汁液浸泡的亚麻绷带可以掩盖木乃伊制作过程中散发出来的腐臭气味，第二十王朝拉美西斯四世的木乃伊更是被发现使用洋葱作为填充物，来代替因为防腐而摘除的眼珠和内脏，使木乃伊外观不至于干扁塌陷。当然，在与"复苏"相关的日子里吃洋葱，更多地是取其"复活"的象征意义。

复苏节后来被埃及基督徒——科普特人所继承，这一节日在科普特语中被称为"Sham"，随后又被进入埃及的阿拉伯人吸收，在后面增加了El-Nasim（和风），演变为持续至今的象征春天来临的节日"闻风节"或者"和风节"（Sham El-Nasim），而现代埃及人过闻风节时，同样保留了古埃及时期留存下来的吃咸鱼、生菜和洋葱的习俗。

生活浮光

服饰与化妆

    生活在炎热的沙漠地区,古埃及人并不会对他人袒露身体有所非议。但这并不等于说古埃及人不重视穿着打扮,无论是王室贵族还是平民百姓,人们都会想方设法让自己穿得更加舒适、美观。

    亚麻布是古埃及最常见的服装材料,它是用亚麻的植物纤维纺织而成,尽管古埃及人掌握了一些用矿物颜料给布料染色的方法,但是大多数古埃及服饰都还保留着原本的颜色。男性通常将带有整齐褶皱的亚麻布用带子简单地束在腰间,女性则将亚麻布制作成被称为"卡拉西里斯"的长套裙,从胸口一直盖到脚踝处。这两种基本款式的服装受到古埃及各个阶层的欢迎,不同的是,地位越高的人所穿的衣服就越精致,款式也更多。而古埃及的儿童们不论性别,通常在六岁以前都不穿衣服。

动物皮革也是古埃及的服装材料，不过并不常见，一些丧葬祭司会身裹豹皮出现在宗教仪式上，但是其余动物皮革——例如羊皮等会被视为不洁之物，是不允许出现在神庙当中的。

由于天气炎热，古埃及人很少蓄发蓄须，无论男女都会将头发剃光，一些富裕的人会戴上用人发和植物纤维制作的假发来让自己更加美观，另一些人则会戴上亚麻布制成的帽子或头巾来遮挡烈日，绝大多数平民则什么都不戴。

另外，古埃及人通常不穿鞋子，但是前往可能会导致足部受伤的地方时则会穿上皮革和纸莎草制成的凉鞋。王室成员们则有更加精美的鞋子，例如图坦卡蒙墓中就出土了用黄金、木头和皮革制成的四十多双鞋。

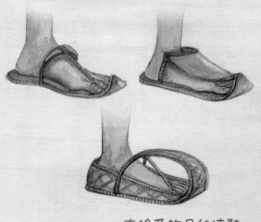

祭司的装扮

古埃及的几种凉鞋

古埃及小孩、女性、男性常见的装扮

一些埃及女性的发型

除了穿戴之外，古埃及人通常还会使用各种化妆品和香料来让自己更加美观，同时让自己的身体更加芬芳。

古埃及最常见的化妆方式是绘制眼影，这种黑色、蓝黑色的粉状化妆品是用方铅矿和孔雀石、碎木炭碾碎混合制成的，可以使眼睛显得更加靓丽。另外，古埃及人还会将赭石碾碎，将这些红色粉末用来涂抹嘴唇。

古埃及人很早就开始制作、使用香水，从出土的古埃及香料配方可以看出其所需材料众多、制作工艺复杂，常见的香水原材料包括莲花、纸莎草茎、杜松子、开心果、桂皮、葡萄干、树脂、没药、乳香、蔺花香茅、葡萄酒和蜂蜜等。

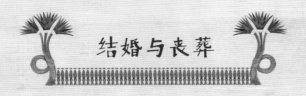

结婚与丧葬

结婚与丧葬是古埃及人生活当中的两件大事。

古埃及人的婚姻通常是一夫一妻制，但是王室贵族拥有多名妻子的情况并不少见。王室的婚姻通常在王室血亲内部进行，这是为了保证王室血统的纯正性，但没有证据表明古埃及民间也盛行这种血亲婚姻。相反，从许多古埃及情诗中留下的记录可知，许多婚姻是建立在同一地区的年轻男女之间自然爱慕的基础之上的。当然，在古埃及也有类似媒婆的职业，通常是由上了年纪的女性来担任这一角色，她会撮合、介绍适婚的男女相识，并由双方父母来安排婚嫁。

古埃及人的人均寿命并不高，因此谈婚论嫁的年龄也普遍要小于现代标准。古埃及的女性通常会在12～14周岁就步入婚姻，男性的结婚年龄会略微偏大。在结婚当天，女方会住进男方的家中，大家会在此热烈庆祝，婚礼过后的第二天和第七天，女方的父母亲属则会来探望自己的女儿。

古埃及的婚姻制度并不完善，两者缔约婚姻关系属于私人行为，不需要任何法律和宗教的认可。但是在实际生活中，传统法律还是对双方的关系和职责有着较为明确的划分，例如承认女性是婚姻关系中的独立一方，她可以拥有私人财产，并且能够在不经过丈夫允许的情况下自由处置，同时她还有各种法律赋予的权利，例如发起诉讼、买卖土地或缔结契约。

婚姻双方同样允许不经过法律和宗教介入就可离婚，离婚的理由也多种多样，男女双方都可以提出离婚要求，法律上还会对女方有所优待。

对于重视来世生活的古埃及人来说，丧葬同样是极其重要的大事。古埃及人有着复杂的丧葬习俗，其中最重要的就是对尸体的保护和安葬。早期的古埃及平民会将死者的遗体放置于芦苇筐或者木制的棺材里下葬，随着时代变迁，下葬时所用的棺材也越来越高级，多为陶制和石制，随葬品的数量也逐渐增多。

第五王朝时期夫妻雕像

随着防腐技术的成熟，古埃及人开始重视尸体的不朽，他们会在被称为"美丽之屋"的帐棚内将尸体包裹在天然盐块和泡碱制成的混合物中，等到脱水完成后，再将树脂和锯末混合物涂抹在尸体上，随后用亚麻布包裹，制成后世所谓的"木乃伊"，这一过程通常长达70天。这一技术最初只有王室成员和贵族才能享用，但到了后来，许多富裕的平民也可以承担这项费用，到了希腊—罗马时代，许多平民都被制成木乃伊下葬。

下葬之时，亲朋好友们组成的送葬队伍会由丧葬祭司引路，用木橇将死者的棺材运往墓地，古埃及人的墓地通常位于尼罗河西岸，这是太阳落入地平线的方向。

阿努比斯是木乃伊的守护者
通常，制作木乃伊的祭司们会佩
戴阿努比斯面具

185

乐器与舞蹈

女乐师——形象来自第十八王朝时期壁画

　　古埃及人拥有着世界上最古老的竖立拨弦乐器，从古王国时期的壁画上就已经有了弹奏竖琴（harps）的乐师形象。古埃及的乐师中有许多是盲人，视力缺陷让他们对声音有着极高的敏感性。乐师们的琴通常弦数不定，从四弦琴到二十弦琴都有，视每个乐师所擅长的弦数来决定。他们往往会在节日高潮时演奏各种欢快的乐曲，让听众忘记世俗的烦恼，一首创作于古埃及中王国时期的《竖琴手之歌》感慨地劝导人们在活着的时候及时行乐，因为"从来没有人能从地下世界回来"。

　　除了多弦琴之外，古埃及人擅长的乐器还有手鼓（tambourines）、喇叭（trumpets）、芦笛（reedflut），用骨制或石制的、能打出简单清脆声音的乐器"拍板"（clappers），以及摇晃时发出清脆铃声的乐器"叉铃"（sistra）等。这些乐器往往被用在宗教仪式上，由乐师和女祭司为众神表演，希望这些优美动听的声音能够取悦众神。

　　女祭司和专业舞女们伴随着这些美妙音乐翩翩起舞，她们穿着简单暴露的舞蹈服装，身上装饰着各种颜色的彩带，有时还会挂上缀满铃铛的皮带，伴随着舞蹈的节奏，身上的铃铛就会发出清脆的响声。古埃及最著名的舞蹈当属《镜舞》，舞女们手持铜镜，在众神的神像前随着音乐跳起各种优美的舞蹈，以此来平息众神对人类的怒火——就像神话中哈索尔女神为了平息太阳神拉的怒火而做的那样。

　　除了舞女的舞蹈外，古埃及人还喜欢看侏儒跳舞。这些侏儒身材矮小，动作却格外夸张激烈，他们可能是来自古埃及南方的努比亚境内的皮格米人，因此他们的舞蹈有着很强的节奏感和异域感。从国王到平民都格外喜欢这些侏儒和他们的表演，第六王朝的佩皮二世甚至下令让前往厄勒藩丁的大臣一路小心地将在那里寻获的一名侏儒护送过来，不要让他掉进河里或是生病死掉。这些来到埃及的侏儒们在王宫中为国王和贵族表演舞蹈，有的则在节日里为普通民众表演舞蹈。

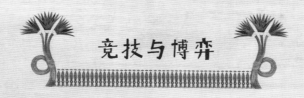

竞技与博弈

　　古埃及人喜欢参与各种竞技活动。比赛的类型有许多种，有球类比赛，也有人与人之间通过角力决胜负的格斗比赛。进入新王国之后，国王有时还会举办马车竞速和车上射箭的比赛，不过这种比赛普通平民是没有机会看到的。

　　古埃及球类比赛的具体规则已难以考证，不过图特摩斯三世时期就有国王手持球棍击打一个球的壁画形象。到了拉美西斯三世时期，他甚至让手下的士兵组成一队，和被俘虏的海上民族组成的队伍打了一场"国际"性质的球类比赛，不过壁画上没有记载这场比赛的胜负究竟如何。

正在下塞尼特棋的王后妮菲塔莉

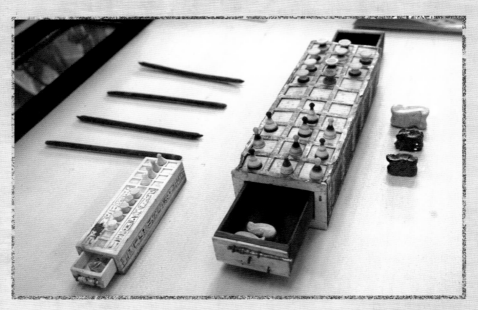

塞尼特棋，2018 年摄于开罗埃及博物馆

格斗比赛在古埃及历史十分悠久，在中王国时期位于贝尼哈桑的T15号墓（属于古埃及第十一王朝的巴奎特三世）中就有众多年轻男人两人一组互相格斗的壁画组图，这种格斗不仅是比赛，也是一种准军事化的训练，能够为军队提供接受过近身格斗训练的年轻士兵。

平民之间更多的娱乐活动则是下棋，古埃及的棋类众多，一些规则已经不为人知，也有一些则经过考古学家们的考证，大致的规则已经得到了复原，让现代人也可以体验古埃及人曾经废寝忘食的智力博弈。

古埃及比较著名的棋类有塞尼特棋（senet）、"豺狗棋"和"梅亨棋"等，其中塞尼特棋是现代复原规则比较成功的一种，它的棋盘有着分三行排列的三十个格子，前十个格子被双方黑白两色的棋子交替排列占满，双方轮流投掷四根长木筹来计算点数移动棋子。塞尼特棋规则很复杂，最终以其中一方先将自己的五枚棋子都成功移出棋盘而获胜。

"豺狗棋"又名"狗与豺狼棋"或"58孔棋"，棋盘是一个有着58个孔的桌子，上面插满了12支分别装饰着狗首与狼首的细长棍子，双方各持一种样式的6根棋子展开对弈。这种棋类游戏起源于中王国时代的第十二王朝，在新王国之后传播到西亚的亚述地区，不过其具体玩法已经失传，埃及学家卡特曾经试图复原过这种棋类游戏的规则。

　　类似的还有"梅亨棋"，它的棋盘像是一条盘踞起来头在中间的蛇形，最多六人参与，每个玩家持有三只雄狮和三只雌狮棋子，规则很像今天苏丹地区流行的"鬣狗游戏"棋。

后记（一）

　　匆匆二十余万字的篇幅，难以概述古埃及三千余年浩瀚历史之万一。在写作这套书的过程中，我查阅了中外众多埃及学书籍和论文，越发觉得自己学识浅薄，不堪负此重任。

　　受限于篇幅，许多非常重要的内容只能泛泛略过，例如《生命之宫》一书中的"晚王国时期"和"托勒密王朝"的古埃及历史，《美丽之屋》一书中形态各异而被有意无意忽略的埃及诸神，《伟大之域》一书中没有足够的篇章来讲述古埃及文物中的"木雕"（原本打算按照"金""石""木"的材料来区别展现古埃及不同的艺术精品），这让我难免有些遗憾。

　　但是这套书能够顺利付梓，还是让我得以一偿夙愿，完成了一套"通俗的古埃及全景式科普书"。在这里要感谢悠老师的生花妙笔，为这些枯燥的文字添加了生动的梦幻之景。还要感谢清华大学出版社的刘一琳编辑从立项到最终出版所做出的重大贡献，这本书也献给她那位与这本书几乎同时诞生的孩子。感谢清华大学出版社的各位编辑老师，感谢在写作过程中给予无私帮助的李晓东教授、金寿福教授、颜海英教授、袁指挥教授，感谢微博上的"海参难吃1997""解印人桑托""TinkerWY""C酱住在乌鲁克""爆肝的纸莎草"提供的资料和数据。还要特别感谢在写作过程中对我照顾有加的家人，没有他们，这本书就很难问世。

　　在此，特别感谢李晓东教授在百忙之中拨冗赐序。

　　仓促成书，其间难免有所疏漏，若有斧正，恳请赐教为幸。

赵航

2022年5月

后记（二）

　　2018年，当我结束了《花样公公》的漫画故事连载之后，终于有时间出去旅游了。于是我选择了埃及。

　　说熟悉也不算熟悉，说陌生也不算陌生，看着《尼罗河女儿》《天是红河岸》长大的宅女，总想亲自去看看。看过一些相关书籍（关于"法老的诅咒""外星人法老"之类），逛过世博会埃及馆，仅止于此。

　　当我摸到了伫立千年的古老巨石，看到斑驳艳丽的壁画，触碰到清凉的尼罗河水时，一种无法言表的感情陡然绽放，我被掷入浩瀚的时间长河之中。一边是WiFi、咖啡和聊天平台，一边是古老安静谜一样的古文明画卷。

　　接下来的几年在不断地看书和学习中度过。作为一个外行，我只能把学到的、看到的关于古文明的思考画出来，放在微博上，和同样热爱古埃及的朋友一起发散思维、调整纠错。

　　在这个阶段，我也认识了这次的合作者科普作家赵航老师和清华大学出版社的编辑刘一琳。赵老师产出效率惊人，我只能努力跟上他的步调；一琳提了很多专业性的意见。如此这般，从纯CG的漫画故事过渡到手绘历史、神话、建筑……还顺便学会了排版，突破了原本的舒适圈反而让我格外舒适。我应该也会一直这么折腾下去，和鼓励我的大家共同进步。

　　这套书，是赵老师多年研究古埃及文明的成果，也是我这些年手绘古埃及的集结，还有我母亲拍摄的照片，希望能和你一起踏上寻访古埃及文明的旅程。

悠拉悠

2022年6月

莎草绘卷 绘制过程